子ども家庭支援論

編著 溝口 元／寺田 清美

アイ・ケイ コーポレーション

まえがき

　保育士養成課程に設置されている「家族援助論」は，時期的にも，2001年の児童福祉法の改正に伴って翌2002年に誕生した科目である。これは「保育士」が名称独占の国家資格として法定化されたときであった。保育士は「児童福祉法」(第18条の4)で定められているように専門職であり，子どもが幸せと感じる家庭の構築に，その一翼を担うことが期待されてのことである。

　世紀の変わり目には家族構造は核家族化，経済の中心が都市部へ集中，合計特殊出生率をみても，人口を維持できる限界といわれる約2.1人を大きく下回ることが顕著になった。それとともに，近隣，地域社会における子育ての協力関係も極めて乏しくなった。また，ひとり親家庭の増加や女性の恒常的就労，共働きの家庭が一般化し，親の育児不安・ノイローゼ，養育力低下，子ども虐待などがメディアでもしばしば取り上げられる事態となった。保育に対する期待と使命，保育所の地域におけるサポートセンターとしての機能の発揮が顕著に高まった時期でもある。

　その後の「保育士養成課程」の改正で，領域としては「保育の対象の理解に関する科目」と同様だが，この「家族援助」が「家庭支援」更に「子ども家庭支援論」と科目名が変更される。それは単に名称が変更されただけではない。目標として，①保育所のもつ「子育て支援」を重要な社会的役割とし，児童・親を含めた家族が保育の対象であることを理解する　②「子育て支援」は保育所だけでなく，その他の児童福祉施設の親についても同様に必要とされることを理解する　③現在の家族を取り巻く社会環境における家庭生活，特にその人間関係(夫婦・親子・きょうだい)のあり方を理解し，それをふまえて適切な「相談・援助」を行うことは「子育て支援」のために欠かせないものであることを理解する　④　①〜③をふまえ，それぞれの家庭のニーズに応じた多様な支援対策を提供するため，児童福祉の基礎となる子ども家族の福祉を図るための種々の援助活動，および関係機関との連携について理解するというような点が挙げられている。

　平成21(2009)年度に施行された保育所保育指針以降，保育所における保護者に対する子育て支援は，保育所に通っている「保育を必要とする子ども」の保護者に限らず，地域の保護者に対する子育て支援も視野に入れている。今日においても，保育所の使命としてウェルフェア(保護を主とする福祉)のための施設としての機能を欠かすことはできない。さらに，子どもの健やかな成長を支援していくため，すべての子どもに質の高い教育・保育を提供することを，目標に掲げた子ども・子育て支援新制度が平成27(2015)年4月から施行された。

　また，1，2歳児を中心に保育所利用児童数が大幅に増加するなど，保育をめぐる状況は大きく変化している。このような変化のなかで，保育の環境など保育所ならではの特性を生かして行う「子育て支援」やニーズに応じた多様な支援策としての活動や関係機関との連携について，本書を参考にしていただけることを祈念している。

本書の構成を概観しておこう。

CHAPTER 1.「家庭支援の意義と役割」では，主として家族社会学の視点から，家庭・家族の意義と機能やその必要性を扱い，そのうえで保育士等が行う家庭支援の原理に触れている。

CHAPTER 2.「家庭生活を取り巻く社会的状況」では，社会学的観点から現代の家庭における人間関係や地域社会の変容と家庭支援，現代の家庭のあり方の指針として理解されているワーク・ライフ・バランス，男女共同参画社会の考え方が扱われている。

CHAPTER 3.「子育て家庭の支援体制」では，まず子育て支援サービスの概要に触れその社会資源や施策の内容やその推進策が解説されている。

CHAPTER 4.「多様な支援の展開と関係機関との連携」では，保育所入所児童や地域の子育て家庭への支援，子育て家庭の支援体制・支援の展開と関係機関との連携について具体例を挙げながら述べている。

CHAPTER 5.「要保護児童およびその家庭に対する支援」では，本書の中核部分で，長年保育現場に勤務した経験がある者を中心に具体例を挙げながら，子ども虐待への理解と対応，ひとり親家庭への理解と対応・支援，発達障害のある子ども家庭への理解と対応・援助，心理社会的問題をもつ保護者・家庭への理解と対応・支援に触れている。

CHAPTER 6.「子ども家庭支援の課題と展望」では，子育て支援サービスの課題，国際的な比較を含めて，世界の子育て，治療・回復が困難な場合を含めた家庭支援の展望を扱っている。

　本書が保育士養成課程でのテキストとして用いられることはもとより，現職保育者のリカレント的な現状理解や子育て支援の今日的状況に関心がある方の参考になれば幸いである。

2018年4月

編者として
寺田清美

目　　次

まえがき

CHAPTER 1 家庭支援の意義と役割 …………………………………………………… 1

── SECTION 1　家族の機能と意義 ……………………………………………………… 1
（1）核家族と家族の機能 ………………………………………………………… 1
（2）国勢調査にみる世帯の変化 ………………………………………………… 2
（3）家族の多様化 ………………………………………………………………… 4

── SECTION 2　家族支援の必要性 ……………………………………………………… 5
（1）変化する家族 ………………………………………………………………… 5
　　A. 家族の多様化と個人化　5　│　B. 少子高齢社会の到来と家族　6
（2）家族の抱える困難性 ………………………………………………………… 7
　　A. 家族と暴力　7　│　B. 家族と貧困　9
（3）家族支援の視点と役割 ……………………………………………………… 10

── SECTION 3　保育士等が行う家庭支援の原理 …………………………………… 12
（1）子ども家庭支援の基本 ……………………………………………………… 12
（2）保育の場における子ども家庭支援 ………………………………………… 13
　　A. 特別な配慮を必要とする子ども　　　D. 行事型の支援サービス　15
　　　と保護者に対する支援　14　　　　　E. 相談・助言型の支援サービス　15
　　B. 預かり型の支援サービス　14
　　C. 居場所提供型の支援サービス
　　　（ひろば）　14
（3）子ども家庭支援の基本的姿勢 ……………………………………………… 15

CHAPTER 2 家庭生活を取り巻く社会的状況 ………………………………………… 18

── SECTION 1　現代の家庭における人間関係 ……………………………………… 18
（1）夫婦関係 ……………………………………………………………………… 18
（2）親子関係 ……………………………………………………………………… 22
（3）きょうだい関係 ……………………………………………………………… 25

── SECTION 2　地域社会の変容と家庭支援 ………………………………………… 27
（1）私たちの生活と地域社会 …………………………………………………… 27
（2）家事・子育ての外部化 ……………………………………………………… 28
（3）私生活化と地域社会 ………………………………………………………… 30

── SECTION 3　男女共同参画社会とワーク・ライフ・バランス ………………… 32
（1）性別役割分業 ………………………………………………………………… 32
（2）ワーク・ライフ・バランス ………………………………………………… 36
（3）男女共同参画の考え方 ……………………………………………………… 39

CHAPTER 3　子育て家庭の支援体制 ……………………………………………………… 42

━ SECTION 1　子育て支援サービスの概要 ……………………………………………… 42

（1）　子育て支援サービスの社会的ニーズ …………………………………………… 42
（2）　子育て支援サービスの種類と役割 ……………………………………………… 47

A．経済的支援サービス（現金給付等）　47
B．健康支援サービス（母子保健）　48
C．保育所・認定子ども園・幼稚園の
　　子育て支援サービス　48
D．ファミリー・サポート・センター
　　事業（子育て援助活動支援事業）　49
E．その他の制度　49

（3）　子育て支援サービスの実際 ……………………………………………………… 50

A．子育て支援の実際　50

━ SECTION 2　子育て家庭の福祉を図るための社会資源 …………………………… 57

（1）　児童福祉から児童家庭福祉へ …………………………………………………… 57
（2）　子どものセーフティネットとしての社会資源 ………………………………… 57
（3）　主な相談援助機関 ………………………………………………………………… 58

━ SECTION 3　少子化対策施策，次世代育成支援施策 ……………………………… 62

（1）　少子化の現状と対応 ……………………………………………………………… 62

A．少子化の進行　62
B．少子化の社会的背景　62
C．少子化への対応　63

（2）　次世代育成支援 …………………………………………………………………… 63
（3）　最近の少子化対策の動き ………………………………………………………… 63

CHAPTER 4　多様な支援の展開と関係機関との連携 ……………………………… 65

━ SECTION 1　保育所入所児童の家庭への支援 …………………………………… 65

（1）　入所オリエンテーション ………………………………………………………… 65
（2）　日常的な関わり …………………………………………………………………… 66

A．登園・降園時　66
B．保育中の保護者への連絡　67
C．連絡帳によるコミュニケーション
　　68

（3）　年間行事を通じて ………………………………………………………………… 68

A．懇談会，保育参観　68
B．行事への親子参加　69
C．1日保育士体験　69

━ SECTION 2　地域子育て支援の取り組み ………………………………………… 73

（1）　保育所における地域子育て支援の取り組み状況 ……………………………… 73
（2）　地域子育て支援拠点事業への取り組み ………………………………………… 75

A．地域子育て支援拠点事業　75
B．地域子育て支援活動の推進　76
C．地域子育て支援活動プログラムと保育
　　所の役割　77

（3）　地域子育て家庭への支援 ……………………………………………………………… 78

　　A．地域子育て支援の原則　79
　　B．子育て支援の内容　80
　　C．地域子育て支援の連携　81
　　D．地域における関係づくりと問題予
　　　　防と早期対応　82

─ SECTION 3　子育て家庭の支援体制・支援の展開と関係機関との連携 ……………… 83

（1）　ネットワークの重要性 ………………………………………………………………… 83

（2）　保育所と関係機関との連携 …………………………………………………………… 84

（3）　関係機関との連携の事例 ……………………………………………………………… 85

CHAPTER 5　要保護児童およびその家庭に対する支援 ………………………………… 90

─ SECTION 1　子ども虐待への理解と対応，援助 ……………………………………… 90

（1）　子ども虐待の現状 ……………………………………………………………………… 90

（2）　子ども虐待につながる要因 …………………………………………………………… 93

（3）　子ども虐待が疑われる家庭への対応 ………………………………………………… 94

　　A．虐待の程度と対応　94
　　B．保育現場での発見と虐待の徴候　96

─ SECTION 2　ひとり親家庭への理解と対応，援助 …………………………………… 100

（1）　ひとり親家庭の増加とその理由 ……………………………………………………… 100

　　A．離婚によるひとり親家庭の貧困化　100
　　B．母子家庭　102
　　C．父子家庭　104
　　D．婚外子（非嫡出子）　104

（2）　ひとり親家庭への支援のポイント …………………………………………………… 105

　　A．ひとり親の気持ちを受容する　105

（3）　ひとり親家庭支援サービスの実態 …………………………………………………… 106

　　A．経済的支援　107
　　B．就業支援　107
　　C．相談事業等，地域支援，地域との
　　　　連携　108

─ SECTION 3　発達障害をもつ子ども家庭の理解と対応，援助 ……………………… 109

（1）　子どもへの発達支援の気づきと家庭支援 …………………………………………… 109

（2）　障害をもつ子ども家庭の課題と対応例 ……………………………………………… 112

　　A．発達障害児の定義　112
　　B．子どもに障害をもつ保護者への
　　　　対応　112
　　C．保護者の障害受容の過程と支援
　　　　方法　114
　　D．支援者の保護者対応のポイント　115

（3）　各施設における障害児家庭への支援方法 …………………………………………… 117

　　A．保育所・幼稚園での支援　117
　　B．児童館などでの支援　118
　　C．保健センター，児童相談所　119
　　D．障害をもつ子ども家庭への支援
　　　　サービス　120

─ SECTION 4　心理・社会的問題をもつ保護者・家庭への理解と対応，援助……… 123

（1）　複雑な家族関係，問題がある家庭 …………………………………………………… 123

　　A．離婚問題を抱えている場合　124
　　B．保育所における先妻と後妻の出会い　125
　　C．経済問題を抱えている場合　125

●目　　次　vii

（2）　障害がある子ども，保護者がいる家庭 ……………………………………………… 125

　　A. 保護者が障害をもっている家庭の　　　B. 子どもが障害をもっている家庭の
　　　　場合　125　　　　　　　　　　　　　　　　場合　126

（3）　回復困難な疾病を持つ家族がいる家庭 …………………………………………… 127

　　A. 精神的な病をもつ保護者の場合　127　　B. 完治困難な疾病をもつ子どもが
　　　　　　　　　　　　　　　　　　　　　　　　いる場合　128

CHAPTER 6　子ども家庭支援の課題と展望 ……………………………………… 132

SECTION 1　子育て支援サービスの課題と対応 ………………………………… 132

（1）　保育相談支援（保育指導） …………………………………………………………… 132
（2）　子育て支援活動に求められる基本姿勢 ………………………………………… 133

　　A. 保護者支援の目的　133　　　　　　　　C.「あなたが笑えば，私も笑う」 134
　　B. 愛着行動と愛着関係の成立する臨
　　　　界期　134

（3）　保護者の養育力の向上 …………………………………………………………… 134

SECTION 2　世界の子育て ……………………………………………………………… 136

（1）　子育て支援の類型化 ………………………………………………………………… 136
（2）　保育サービス ………………………………………………………………………… 136
（3）　経済的支援 …………………………………………………………………………… 137

SECTION 3　家庭支援の展望 …………………………………………………………… 140

（1）　精神的疾患をもつ家族を抱えた家庭への支援 ………………………………… 140

　　A. 統合失調症　140　　　　　　　　　　　C. アルコール依存症　142
　　B. 躁鬱病　141

（2）　認知症高齢者を抱えた家庭への支援 …………………………………………… 143
（3）　ターミナル期にある家族を抱えた家庭への支援 ……………………………… 144

　索　引 …………………………………………………………………………………………… 145

CHAPTER 1

家庭支援の意義と役割

━ SECTION 1 ┃ 家族の機能と意義

（1） 核家族と家族の機能

　「家庭」「家族」という言葉は，同じような意味合いで重なり合って使われることが多い。この両者はどのように異なるのであろうか。「家庭」は，一般的には生活をともにする家族によって営まれる集まり，および家族が生活する場所を指す。一方「家族」は，夫婦・親子を中心とする近親者によって構成され，成員相互の感情的絆（きずな）に基づいて生活をともにする小集団を指す。

　まず，「家族とは何か」その定義を確認しておこう。社会学では，長い間次のような定義が採用されてきた。「夫婦関係を基礎として，そこから親子関係や兄弟姉妹の関係を派生させるかたちで成立してくる親族関係者の小集団。しかも感情融合を結合の紐帯にしていること，ならびに成員の生活保障と福祉の追求を第一義の目標としていることにその基本的特徴がある。」（「社会学小辞典」）。この定義の要点は次の4点である。

① **夫婦関係を基礎とする**　この場合の夫婦は原則的に婚姻関係，法的な手続きに基づいた夫婦である。

② **親族関係者の小集団である**　家族は親族関係者，つまり家族は親子，きょうだいという血縁関係を含む。

③ **感情融合を結合の紐帯としている**　感情融合とは，家族成員同士の情緒的なつながりのことであり，「家族の絆」と私たちがよんでいるものと考えてよいだろう。

④ **生活保障と福祉の追及を第一義の目標とする**　「福祉」の部分は，「幸福」と表現されることもあるが，「福祉」という表現に従えば，家族は社会全体の幸福との関係性をもつと理解することができる。

　このような家族の定義が想定しているのは，核家族説に基づいた家族像である。核家族とは，夫婦とその子どもからなる家族のことをいうが，マードックの核家族説によれば，多様で複雑な家族構造をもっているようにみえる家族も普遍的かつ最小の家族の単位としての核家族の組合せとして解釈することができる。わが国では一般的に，夫婦家族のことを核家族とよぶことが多い。夫婦家族とは，直系家族のような世代的に縦に核家族が組合さる形で代々継承されていく家族と異なり，核家族が単独で，代々継承されることなく一代限りの家族のことである。「核家族化」という場合には，正確にいえば，このような夫婦家族のような世帯の増加を指す。

　また核家族説によれば，人は一生のうち2つの核家族を経験すると考えられる。まず人

●SECTION 1　家族の機能と意義　　1

は選択の余地なく生まれおち，子どもとして所属する核家族がある。そのような核家族のことを定位家族という。親夫婦を中心とした核家族のなかで，子どもとして経験する核家族である。大人になれば配偶者を選択し結婚し，新しい家族を形成することになるだろう。そのように形成される核家族のことを生殖家族という。生殖家族は自らがつくり上げる家族であり，結婚し，親として子を産み育てる核家族のことをいう。

　　マードックの核家族説によれば，核家族の機能には，社会のための機能として性・経済・生殖・教育という4つの機能が存在する。性機能とは性関係を夫婦に限定することによって，社会における性的欲求を統制する機能のことである。経済機能とは，社会における労働力を提供する機能のことである。生殖機能とは，子どもを産み育て社会へ新しいメンバーを送り出すという機能をいう。そして最後に，教育機能は子どもが社会に適用できるように，親が子へ知を伝達し，教育する機能のことをいう。

　　さらにパーソンズの核家族の機能もよく知られている。パーソンズは1950年代頃のアメリカ社会のように高度に分化された社会においては，社会のための機能とされてきたものはもはや，社会のためというよりも「個人として」遂行されているにすぎない。よって，家族の機能は社会のための機能ではなく，パーソナリティのための機能として理解すべきとする。家族はパーソナリティをつくり出す「工場」であり，家族の機能としてこれ以上なくすことができないものとして，①子どもの基礎的な社会化　②成人のパーソナリティの安定化という2つの機能を挙げる。ここでいう社会化とは，パーソナリティ形成に重要な役割を果たす過程であり，人は生まれおちてからさまざまな人と関わりをもちながらそのなかで，社会で生きる術や規範を習得していく過程のこという。①の子どもの社会化では親を中心とする身近な人々との関わりが社会化の中心となるが，②のように大人においてもパーソナリティを維持・安定化させることを考えれば，社会化は子ども期だけでなく一生を通じて行われる過程である。

(2)　国勢調査にみる世帯の変化

　　家族の定義をみてきたが，現代の家族は定義の再検討を促すような変化をみせている。その変化について理解するために，平成27年国勢調査における世帯の動向を参考にし

表1-1　国勢調査　一般世帯数・一世帯当たりの人員推移（昭和35年〜平成27年）

年　次	一般世帯数 （千世帯）	一般世帯数 （千人）	1世帯当たり 人員（人）	増減率（%）	
				一般世帯数	一般世帯人員
昭和35年（1960）	22,539	93,419	4.14	－	－
45年（1970）	30,297	103,351	3.41	15.9[1]	5.2[1]
50年（1975）	33,596	110,338	3.28	10.9	6.8
55年（1980）	35,824	115,451	3.22	6.6	4.6
60年（1985）	37,980	119,334	3.14	6.0	3.4
平成2年（1990）	40,670	121,545	2.99	7.1	1.9
7年（1995）	43,900	123,646	2.82	7.9	1.7
12年（2000）	46,782	124,725	2.67	6.5	0.9
17年（2005）	49,063	124,973	2.55	4.9	0.2
22年（2010）	51,842	125,546	2.42	5.7	0.5
27年（2015）	53,332	124,296	2.33	2.9	－1

〔注〕1965年（昭和40年）は，世帯の定義が異なるため一般世帯への組み替えができない。
1)　10年間の増減率を5年間の増減率に換算
　　平成22年国勢調査最終報告書，平成27年国勢調査人口等基本集計結果の概要（総務省統計局）をもとに筆者が作成

たい。世帯とは国勢調査で採用されている消費生活の単位のことであり、住居と生計をともにしている人の集まり、または一戸を構えて住んでいる単身者をいう。国勢調査は全世帯調査である。この世帯の変化を手掛かりに家族の変化について考えてみよう。

世帯の動向としては、しばらく主として2つの変化が継続している。第一に世帯数の増加である。1960年代からの一般世帯数の動向をみてみると軒並み増加し続けてきたことがわかる。2015年（平成27年）の世帯数は約53,332万世帯であり、1960年（昭和35年）の2倍以上の世帯数である。世帯数の増加は人口の増加によるものであると考えられるが、それだけではなく多人数、多世代同居をする世帯の減少によって世帯を分けた暮らし方や、単独世帯（一人暮らし世帯）の増加によるものと考えることができる。この縮小とは、一世帯当たりの人数が減少しているということを意味する。2015年（平成27年）の結果によると一世帯当たりの人数の平均は2.33人で1990年（平成2年）以降3人に満たない状態が続き、一貫して減少している（表1－1）。

また前述のように単独世帯（一人暮らし世帯）の増加が続いている。なお、単独世帯1,842万世帯のうち593万世帯は高齢者であるとされ、高齢者の単独世帯も増加し続けている。単独世帯だけではなく、いわゆる核家族世帯においても、世帯規模の縮小傾向がみられる核家族世帯は、「夫婦のみの世帯」「夫婦と子どもからなる世帯」「ひとり親と子どもからなる世帯」に分けることができるが、いわゆる典型的な核家族の形で暮らす「夫婦と子どもからなる世帯」の世帯数は減少する傾向にあり、むしろ「夫婦のみの世帯」や「ひとり親と子どもからなる世帯」が増加の傾向にある（図1－1）。つまり、現在わが国において、いわゆる「夫婦とその子ども」という典型的な核家族で暮らす形での「核家族化」はすでに終息していることがわかる。増加している「夫婦のみの世帯」や「ひとり親と子どもからなる世帯」は「夫婦と子どもからなる世帯」に比べて世帯を構成する人数が少ないことが考えられ、ここにおいても世帯の小規模化の傾向がみられる。なお、約1,072万世帯の「夫婦のみの世帯」のうち、642万世帯は高齢者であるとされ、半数以上が高齢者夫婦の世帯で占めている。

（3） 家族の多様化

国勢調査の結果から気づくのは、核家族説に基づいた家族の定義の限界である。

まず①夫婦関係を基礎とするという定義であるが、たとえば、夫婦関係を含まない場合はどう考えればよいか。国勢調査の結果において「ひとり親と子どもの世帯」の増加につい

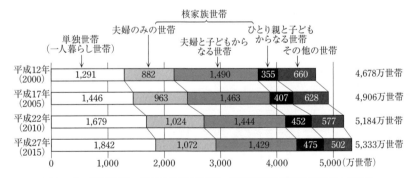

図1－1　国勢調査　世帯の家族類型別一般世帯数の推移（平成12～27年）
出典：平成27年国勢調査人口等基本集計結果結果の概要（総務省統計局）をもとに筆者が作成

●SECTION 1　家族の機能と意義　3

てみたが，この世帯では夫婦関係は含まれていない。しかし，ひとり親の場合であっても「シングルペアレント・ファミリー」として，つまり「家族」と認識されている現状がある。また婚姻という法に基づいた関係を含まない場合はどうか。わが国においても事実婚，つまり婚姻届を提出しなくとも夫婦として自認し，生活を営む結婚の形が社会的に認知され，尊重されるようになってきた。さらにいえば，同性間の結婚についてもその延長線上にある。このように結婚や夫婦に対する考え方も多様化している。

　では，②親族関係者の小集団というのはどうか。確かに養子制度が一般的とはいえないわが国では一般に親子，きょうだいといった血縁関係によって結ばれている人々を家族と考える。しかし，私たちは必ずしも血縁のみを重視しているわけではない。ステップ・ファミリーといわれているような，離婚後，互いに子を連れて再婚するケースも増えている。この場合，親と相手方の子，あるいは双方の子ども同士の間に血縁関係はない。また，子どもがいない場合はどうか。国勢調査では「夫婦のみの世帯」の増加傾向がみられたが，このなかには当然子どもがすでに独立しているケースもあるが，もともと子どもがいない，それは，まだいないというケースだけでなく，子をもちたいがもてない，主体的にもたないなど，さまざまな理由で，「子どもがいない夫婦」を想定する必要がある。

　さらに家族の定義のなかで，**生活保障と福祉の追及を第一義の目標**とするということについていえば，家族機能についてみたように，家族自体が「社会の幸せ」に貢献する小集団であるというよりも「個々人の幸せ」つまり家族を家族成員がそれぞれ個人として抱く価値観や希望を再現していく場とする傾向が強くなってきている。確かに少子化の議論にあるように，家族は社会に対する機能を有しており，「社会の幸せ」と無縁ではないが，結婚や子を産み，子育てがそうであるように，昨今では，これらは家族成員の意思や希望のもとに行われることが重視され，それをベースに家族が形成・維持されている以上，家族の「個々人の幸せ」を追求するという意義のほうへ重きが置かれるようになる。

　以上のように最初にみてきた家族の定義は，現代の家族の姿と照らし合わせてみると，うまくあてはまらないことがわかる。それは家族の現状に即してみれば，核家族を「家族の標準」として位置づけることに限界があり，つまるところ「家族とは何か」という理解も多様化してくるのは当然である。重要なのは定義づけ自体ではなく，定義づけが困難になっているという現代家族の現状を理解することである。家族の定義のなかで，変わりなく引き続き，そのまま採用しうるのは，**感情融合を結合の紐帯としている**という点であろう。情緒的な「家族の絆」というものを大事にする傾向は，このような変化のなかでも変わりなく続いているように思われる。血縁や婚姻という「確かな絆」に必ずしも依拠しない，できないとすると，代替しうるつながり，「最後の砦」として情緒的な面での「家族の絆」への希求はますます強まるだろう。

〈文　献〉

浜嶋，石川，竹内編：「社会学小事典〔新版増補版〕」，有斐閣（2015）
マードック：「社会構造―核家族の社会人類学」，新泉社（2001）
パーソンズ，ベールズ　橋爪，高木他訳：「社会構造―核家族と子どもの社会化」，黎明書房（2001）
総務庁統計局：「平成22年国勢調査　最終報告書」（2014）
総務庁統計局：「平成27年国勢調査 人口等基本集計結果 結果の概要」（2016）

（田中輝幸）

SECTION 2 家族支援の必要性

（1）変化する家族

A. 家族の多様化と個人化

「家族とは？」という問いに対し，多くの人々から返ってくるのは「父親・母親と2人程度の子ども」からなり，互いが愛情によって結ばれ，安らげる関係・場所こそが家族であるという答えである。父親は主に職業を通して収入を得ることで経済的に家族を支え，母親は主に家事・育児などを通じて情緒的に家族を支えるというのも根強く残る家族イメージかもしれない。

このような家族を「近代家族」とし，それが歴史的産物であり，決して普遍的な家族の姿ではないことを歴史的研究はすでに明らかにしてきた。日本においては，特に高度経済成長が始まる1950年代の後半から，「近代家族」は一般化していったが，そこから半世紀ほどの間に，「近代家族」は，私たちのなかで確固たる家族イメージとしてあたかも，それが家族の本来の姿であるかのように定着してきた感がある。

だが，SECTION 1でもふれたように現代の家族は「近代家族」をすでに脱しつつある。背景には，少子高齢化という人口変動を基底にした家族の多様化がある。生まれる子どもの数が減ることによって，世帯規模は当然小さくなる。だが，それだけではない。今私たちが多く目にするのは，高齢者夫婦のみの世帯であったり，ひとり親家族であったりする。離婚件数が増大するなか，ステップ・ファミリー（再婚家族）も増えているだろう。そして何よりこの間比率を増している単身世帯には，高齢単身者の増加と，少子化の要因とされる晩婚化・非婚化にリンクする非婚単身者の双方が関わっている。「父親・母親と2人程度の子ども」という家族は，今主流であるというよりは，家族の一つのかたちに過ぎず，多様な成員からなる多様な家族（あるいは家族と暮らさない人々）が，出現しているのである。

家族の変化はこうした形態面に止まらない。前節でも触れられているように，家族の機能は，家族成員の生活保障（扶養と育児・介護・看護・介助などのケアを二局面とする生活全般の支え）と情緒的紐帯の2つに集約化されてきた。家族に人々が「愛情」「安らぎ」「理解」を感じ，あるいは期待するのは，家族の役割として，まさにこの情緒的なつながりを重視しているからに他ならない。

だが，家族につながりを希求する志向性は，かつての「家」制度にみられるような集団主義的な傾向，つまり家族のためには個人が犠牲になるのもやむを得ないという意識と併存するものではなく，進行しているのは，家族の個人化という傾向である。この概念を1987年に日本で最初に取り上げた目黒（1987）は，社会生活の単位が家族から個人に移っていった変動過程を家族の個人化ととらえ，これを家族生活が個人によって選択されるライフスタイルの一つになることを意味するものと指摘する。

人権尊重や自己実現追求という近代的意識と社会環境の変化のなかで，人々は家族とともにあることと個人であることの両立を模索するようになった。どのような人々とどのような家族をもつのかが選択されると同時に，個人であることが侵害されることを回避して

●SECTION 2 家庭支援の必要性 5

家族をもたないということも，ライフスタイルの選択の結果として生じるようになったのである。

　では，家族の個人化はどのような背景をもって進展していったのだろうか。個人化の要因を整理した山根(2005)は，これを①人生の長期化　②女性の就労率の伸長　③人権思想の成熟　④消費社会の進展と生活単位の個別化の4点によって説明している。

　世界的にも長寿を誇る日本においては，人々が家族を必要とする生育期，家族としての役割を果たすことを期待される養育期の人生に占める割合が相対的に下がり，結婚や子育てを経験するにせよ，個人として生きる時間が長くなり，私たちはこれを受け止めなければならなくなった。

　女性の就労率が高まったことは，女性が家族をもたずに生きるという選択肢を手にしたことを意味する。これに加え，フェミニズム運動などが提起してきた男女の性的差別の撤廃(ジェンダー平等)への問題提起は，家族のなかで軽視されがちであった個人としての女性のあり方を見直す流れを生んだ。子どもの権利への着目といった動向と合わせ，家族のなかで保護される立場にあるがゆえに，権利を侵害されてきた立場からの家族再考が進み，自己実現を家族生活と共存，ないしは優先するする発想が珍しいものではなくなったのである。

　そして何より実質的に家族の個人化を推し進めたのは，家族を取り巻く社会環境の変化であろう。家族がともにすることが合理的であり，自然であった食事も，外食産業やコンビニエンスストアが深く生活に浸透することで個食化がすすんだ。また，携帯電話やインターネットなどの普及から個人間，少人数間での情報の授受(パーソナルメディア化)ができるようになり，家族と共住しながらも，人々は個々に外部とつながるような日常が当たり前になっている。家族であっても，そこには一人ひとりの生活の領域があることを，私たちは普通に受け入れて暮らしている。

B. 少子高齢社会の到来と家族

　日本の家族が置かれている状況としてもう一つ確認しておかなければならないのは，少子高齢社会の本格化という現実である。少子高齢化にはむろん平均寿命の伸長が関わっているが，それ以上に大きな動向として少子化を考えなければならない。

　出生動向をみると日本の合計特殊出生率は，1950年代大きく下降し，高度成長期には2人を維持しつつも漸減傾向が続き，2005年にはついに過去最低の1.26を記録した。近年多少数値を上向けたものの，依然として日本は低出生率社会であるといってよい。

　日本の少子化の直接的な要因にあたるのは，晩婚化・非婚化である。加えてこれまで皆婚社会といわれた日本においても生涯未婚率(50歳時点で一度も結婚したことのない人の割合)の上昇が認められ，婚姻内出生の規範が強い日本では，晩婚化に加え非婚化が少子化をすすめている状況もうかがえる。

　晩婚化・非婚化についてはすでに多く検討されており，経済不況と雇用の悪化，男性と女性の結婚相手への意向の不整合，女性の社会進出と子育て環境未整備との葛藤などが一般的に指摘されている。上述の通り結婚や家族形成がライフスタイル上の選択肢の一つとなり「絶対にすべきもの」ではなくなった今，結婚への期待は依然として高い半面，期待が

6　●Chapter 1　家庭支援の意義と役割

実現できるような結婚ができない現実を反映している。

　他方，婚姻内出生率も低下傾向にあり，日本は本格的な少子社会に突入していることは間違いない。松田(2008)は，この日本の状況を「子育て基盤」の脆弱さに由来するものととらえ，①就労と経済基盤　②地域社会のありよう　③社会的な子育て支援の3つの観点から基盤強化について提言している。教育費をはじめとして子育てにかかる経済的負担の大きさに対し，雇用の不安定さが増している状況や，長時間労働が改善されないなか，父親の家事・育児参加が進まないこと，子育てが家族(現状では多くの場合母親)のみの責任とされ身近な地域などの支援ネットワーク形成が十分でないこと，社会全体の子育て支援策が不十分なことなどが，少子化の深刻化を招いている。

　近年少子化傾向を反転させつつあるフランス，およびスウェーデンとの国際比較研究を行った舩橋は，日本の有子専業主婦の就業希望率の高さをふまえ，必要な政策を「育児の社会化」と「男性のケアラー化」の2極で示唆している。父親の育児参加促進を核にしつつ，育児に関わるネットワークの再構築をはかることの重要性が，少子化をめぐる家族支援においては鍵になるといえるのではないだろうか。

　このままでいけば，2050年には，老年人口比率39.6％が見込まれる日本においては，育児に加えて高齢者介護というもう一つのケア問題も家族を取り巻く課題であることはいうまでもない。少子高齢化社会のなかで，家族とケアをどう捉えるかは，家族支援の大きな焦点の一つになっている。

(2)　家族の抱える困難性

A．家族と暴力

　現代の家族がさまざまに抱える課題や困難のなかで大きな鍵になるものの一つに，家族と暴力の問題がある。冒頭でもふれたように，私たちは一般的に家族を愛情と安らぎの場であるととらえ，その情緒的つながりに大きな価値を置いている。しかし，人によってはかならずしも家族が安全な場ではなく，親密な関係であるがゆえに，どこよりも危険な場になりうるという現実についても，この20年で認識されるようになった。

　たとえば，児童相談所の児童虐待相談対応件数(全国)は，1990年度には1,101件であったものが，2009年度には44,210件と40倍に膨れあがっている。さらに2015年は103,260件と10万件を超えた(「平成27年度児童相談所での児童虐待相談対応件数」(速報値))。この件数の急増には，虐待自体が増えているという現状もむろんあるが，それ以上に虐待を発見する目をわれわれがもつようになったという変化が反映している。子どもに対する暴力が「しつけ」と見過ごされていた時代には「みえていなかった現実」が，みえるようになったのである。少子化の要因としてもふれたような育児基盤の脆弱さは，今まさに育児を担っている家族にも負担感としてのしかかり，育児不安や育児困難を引き起こす。貧困や不安定な家族関係，障害児の養育や親自身の障害疾病などストレスが重なることで，不安や困難が虐待という結果につながる現実に私たちの社会は直面している。

　みえていなかったのは配偶者間暴力(ドメスティック・バイオレンス)も同様である。日本には昔から「夫婦げんかは犬も喰わない」という言い回しがあり，夫が妻を殴ることは夫

●SECTION 2　家庭支援の必要性　　7

婦内の私的トラブルであって，干渉しえない領域とみなされてきた。「民事不介入」という名のもと警察の関与不能とされてきた配偶者間での傷害行為や人権侵害は，ドメスティック・バイオレンスという言葉の輸入によってようやく，紛れもない「暴力」であると認識されるようになったのである。2015年度警察が対応した配偶者からの暴力事案は53,915件にのぼる（「配偶者からの暴力事案の対応状況について」2016年　警察庁）が，この分野の専門家はこれを氷山の一角とみている。2008年に内閣府が行った全国調査によれば，女性の27.3％は配偶者から何らかの暴力（身体的暴行，心理的攻撃，性的強要）を経験したことがあり，10.8％はこれらの経験が「何度もある」と回答している（「平成26年度　男女間における暴力に関する調査」2016年　内閣府男女共同参画局）。配偶者間の暴力は，きわめて日常的な問題といわざるを得ない。

　他方高齢者虐待は，多少別な視点で押さえることも必要であろう。高齢者虐待もまた家族内のこととして周囲から認知されにくかった面は当然あるが，それ以上に，この問題の大きな背景はすでにみた高齢社会の出現である。2014年度の調査によれば，高齢者虐待として相談・通報があったのは全国で25,791件，うち虐待として判断されたのは15,739件で前年比8.6％増であった（「平成26年度　高齢者虐待の防止，高齢者の養護者に対する支援等に関する法律に基づく対応状況等に関する調査結果」2015年　厚生労働省）が，ここには介護を要する高齢者の数が増え続けている現状がまず反映している。高齢者虐待に関する調査によれば，被虐待者は，要介護高齢者，なかでも介護負担の大きい認知症高齢者であることが明らかになっている（「平成20年度　高齢者虐待の防止，高齢者の養護者に対する支援等に関する法律に基づく対応状況等に関する調査結果」2009年　厚生労働省）。

　晩婚化・非婚化現象も，実は高齢者虐待と関連をもつ。調査結果は，虐待加害者の1位を占めるのが，実の息子であることを伝えている（「平成20年度　高齢者虐待の防止，高齢者の養護者に対する支援等に関する法律に基づく対応状況等に関する調査結果」2009年　厚生労働省）。多くは未婚のまま親との同居を続け，生活面でも，また，しばしば経済面でも親に依存したまま年を重ねてしまった息子にとって，老親を介護することの負担は重くのしかかる。特に地域との関わりが薄れ，孤立した生活を続けてきたような場合に，その困難性が虐待という結果につながってしまうケースが目立つ。長引く経済的不況のもと子ども世代の就労・収入が不安定化するなかで，悪意を自覚しないまま経済的虐待（親の財産や年金を勝手に使用，処分してしまう）を深刻化させている例も少なくない。

　このように顕在化してきた"家族と暴力"の問題に対して，日本もそれへの対応を位置づける法律をこの10年で整備してきた。

　最初に制定されたのは，「児童虐待の防止等に関する法律（通称・児童虐待防止法）」（2000年施行）である。同法は，2004年に児童虐待に関わる通告義務の拡大，警察署長に対する援助要請などを盛り込むかたちで改正された。この年には「児童福祉法」も同時改正されており，児童相談所に加え，より身近な市町村の虐待対応の役割を明確化する方向で，児童虐待の未然防止・早期発見が強調されることになった。さらに2008年には，児童の安全確保のため児童相談所が強制的に立ち入る（臨検・捜索）仕組みを強化し，同時に同法の目的のなかに児童の権利擁護の視点が明記された。

　他方，配偶者間暴力については2001年「配偶者からの暴力の防止及び被害者の保護に関

する法律（通称・DV防止法）」が施行された。その後2004年の改正では，暴力の定義の拡充や保護命令対象範囲の拡大し（元配偶者も含める，子どもに対する接近禁止命令の追加など），対応機関である配偶暴力相談支援センターの設置主体をそれまでの都道府県から市町村を含めるかたちに変更された。

少し遅れて2006年には「高齢者虐待の防止，高齢者の養護者に対する支援等に関する法律（通称・高齢者虐待防止法）」が動きだす。これに先立ち日本では「介護保険法」が2000年より施行されており，同年民法改正をはじめ関連四法案の提出を経て「成年後見制度」もスタートしていた。「高齢者虐待防止法」の第28条には，高齢者虐待（なかでも経済的虐待）の防止や被害高齢者の保護・救済に関わり，国や地方公共団体の「成年後見制度」利用促進義務が明記されている。

B. 家族と貧困

家族は，その外部とさまざまなかたちで関わり，影響を与えあって存在する社会集団の一つである。家族に大きく関与する外部集団・機能に労働，経済の領域がある。

たとえば，家族機能の変化や家族の課題には，就労形態の問題が大きく関わっている。就労によって家族の経済的生活保障に女性も関与するようになることは，女性が主として担ってきた家族内ケアが家族だけでは充足されないことにつながる。それを社会的に補うと同時に，男性が担うことも期待されているが，労働慣行，長時間労働は変化の兆しが見出しにくい。こうした点については，次章以降に議論されているのでここでの詳細な検討を省くが，家族と労働の問題は家族支援における重要な焦点の一つである。

また，近年議論をよんでいるのは，世帯間の経済的格差，なかでも家族と貧困の問題である。1990年代の後半より注目を集めた格差社会に関する議論は，一時期「総中流社会」と目された日本の社会構造が，階層化と格差拡大の方向に進んでいるのではないかという関心を喚起した。世帯間の格差拡大は，実は家族の多様化が大きく関与していることを大竹（2005）は読み説き，単純な格差拡大論を警戒したが，若年層世帯の格差の広がりや，経済的格差が教育格差に大きく反映する議論などが提起されるなかで，さまざまな家族と貧困をめぐる事象が可視化されるようになった。

バブル期以降の低成長時代を経て，世界同時不況により再び厳しい経済情勢におかれる日本において，ネットカフェ難民やホームレスの問題には，失業や経済的な困窮を支え合う家族のありようではなく，こうした危機に直面し，むしろ離散・逃避する家族の姿が映し出されている。

さらにこうした議論のなかでより深刻な課題として着目されたのが，子どもの貧困である。子どもの貧困実態が深刻化していることやその世代間連鎖への危惧，また児童虐待の背景に潜む貧困問題や，その貧困がひとり親家庭（なかでも母子家庭）に高い割合を占めていることなど，家族支援に関わるうえで経済的視点は欠くことができない。

こうした状況をふまえ，2013年「子どもの貧困対策の推進に関する法律」が制定され，政府は子ども家庭支援策を展開しつつあるが，貧困問題とそれが帰結する教育格差に取り組むために，財源確保も含め，より集約的な政策展開が必要だという議論が継続されている。

（3）　家族支援の視点と役割

　　以上概観してきたように，現代の家族は，成員の利益と自己実現を追求し，多様な形態をとりながら，流動する社会状況のなかで適応をせまられつつ存在している。

　　個人化し多様化した家族にとって，成員の生活保障と福祉を充足するためには，もはや自助努力だけでは立ちゆかない。家族というネットワークがうまく機能していくためにも，これをさらに支える社会的仕組みが不可欠であることは自明である。

　　私たちが家族に期待する情緒的つながりは，今のところ他の社会システムでは提供しがたいものであり，だからこそ私たちは，家族に「絆」を期待することを止めることはできない。家族が情緒的つながりという機能を発揮し続けるためにも，家族を支え〈補完〉する役割が社会にはある。その一つの柱は，税制を含めた広い意味での社会保障制度構築を通じた家族の扶養機能の〈補完〉であることはいうまでもない。

　　そしてもう一つの柱は，家族が担ってきた育児，介護，看護などのケア機能を，家族と社会でどう分担していくのかということについて現実的な議論を成熟させ，家族が担いきれない部分を社会がどう補っていくのか，その仕組みを具体化するという視点である。

　　だが他方で，家族のなかで弱い立場に置かれがちな成員，すなわち子ども，高齢者，女性，そして時には，障害をもった人たちなどへ家族による暴力の深刻化，あるいは個人化や多様化の帰結として，家族と暮らすことを選ばなかった（選べなかった）単身者の増加を考えるとき，社会が家族を〈補完〉するだけでは不十分な段階にきていることも理解される。家族を〈代替〉する社会的支援策とネットワーク形成が必要な状況にあり，個人を単位とした社会制度の構築も，すでに喫緊の課題になっている。

　　私たちの社会はこれまで，人々に家族 ―愛情深く，ケア能力が十分にある― がいることを当然視し，それを前提に社会保障の理念や制度を形成してきた。だが，家族の多様化と個人化は，家族を社会のなかでさまざまに置かれるべきソーシャルサポート・ネットワークの一つとして相対化しつつある。とはいえ，家族はやはり相対化され尽くすことはなく，私たちの社会のなかで優位な親密圏として存在し続けている。家族が私たちにとって「かけがえのない」ものであり続けるためにも，個々の家族を守り支える仕組みと，家族以外のネットワークを選択できる可能性の両方を備える社会のありようを模索する必要があるといえる。

〈文　献〉

阿部彩：「子どもの貧困」，岩波書店(2008)

浅井春夫他編：「子どもの貧困」，明石書店(2008)

藤森克彦：「単身急増社会の衝撃」，日本経済新聞出版(2010)

舩橋恵子：「育児のジェンダー・ポリティクス」，勁草書房(2006)

松田茂樹：「子育て基盤に目をむける」，松田茂樹他編：「揺らぐ子育て基盤」，勁草書房所収(2010)

目黒依子：「個人化する家族」，勁草書房(1987)

岩田正美：「社会的排除 - 参加の欠如・不確かな帰属」，有斐閣(2008)

落合恵美子：「21世紀家族へ」，有斐閣(2004)

大竹文雄：「日本の不平等」，日本経済新聞社(2005)

山根真理：「家族を考える視角」，吉田あけみ他編著：「ネットワークとしての家族」，ミネルヴァ書房所収
　　(2005)

（安達映子）

━ SECTION 3 ｜ 保育士等が行う家庭支援の原理

（1）　子ども家庭支援の基本

　　家族のあり方が多様化し，子育てを地域全体で支援する必要性が高まっている昨今，保育士等乳幼児の保育に携わる人々は，子どもたちの健やかな成長・発達を支える専門職として，「子どもの最善の利益」という立場から家庭支援を行っている。

　　保育士は，国家資格をもつ児童福祉の専門職である。特に，2001（平成13）年児童福祉法一部改正に伴い，保育士とは「保育士の名称を用いて，専門的知識及び技術を持って，児童の保育及び児童の保護者に対する保育に関する指導を行うことを業とするもの」（第1章第6節　第18条の4）と，その職務が定められた。

　　以前から，保育所に入園している子どもが成長していくうえで，保育所と家庭が車の両輪であり，2つの環境がうまく動いていくことで子どもの最善の利益が守られていくことは基本であった。保育所だけが頑張っていても，家庭の理解が得られなければ，降園後の保育が空回りしてしまう。一番困るのは，子どもである。そのように考え，日々の生活でさまざまな問題に直面している保護者を理解し支えていくことは，当然行われてきた。

　　しかし，この児童福祉法の改正で保育士の業として保護者支援が義務づけられたことで保護者支援の意義が再確認され，これまで現場の保育士等の判断にまかされてきた支援内容についても，その範囲を広げ，入所児童本人だけでなく，その背景にある家庭も支援することや，入所児童に限らず地域の子育て家庭に対しても支援していくべきことが示されたのである。

　　ここでは，保育士等による家庭支援の原則について，①家庭支援の基本，②保育の場における家庭支援，③家庭支援の基本的姿勢の3つの側面から概観する。支援の実際については，CHAPTER 5以降で紹介したい。また本書では保育士を例に家庭支援の原理を論じるが，認定こども園保育教諭や幼稚園教諭等にも通じる原則的内容と考えてよいだろう。

　　保育士が厳守すべき基本原理が示された「保育所保育指針」（厚生労働省）では，「保育所における子育て支援に関する基本的事項」として以下の基本理念が示されている（第4章）。主に，「子どもの最善の利益を考慮」「保護者とともに子どもの成長の喜びを共有」「保護者の養育力の向上に資する」「気持ちを受け止め」「相互の信頼関係」「自己決定の尊重」など，大変重要な内容が含まれているため，その意味を一つひとつ丁寧に理解してもらいたい。

　　まず，「子どもの最善の利益を考慮」することが第一である。保護者を一人の「個人」として理解し受容することは当然重要であるが，保護者の利益と子どもの利益が両立せずにバランスを崩している場合には，保育士は子どもの代弁者として，「子どもにとって何が最善か」を見失わずに保護者と話し合っていく姿勢をもつことが保育の専門家として望ましい。

　　次に，保育所の特性を生かして子育て支援にあたることである。具体的には，「保護者とともに子どもの成長の喜びを共有」すること，そして「保護者の養育力の向上に資する」ことが挙げられる。保育士等は，日々子どもと生活を共にし，子どもの成長をつぶさに知っ

ている。園内での子どもの様子を保護者に伝え，その変化やその子らしさを語り合うことで，保護者と喜びを共有することができるのである。肯定的に現在の子どもの姿を理解することは，保護者にとっても大きな励みとなり，子育ての自信につながっていく。降園の際などさまざまな機会をうまくとらえて，できる限り保護者とコミュニケーションをとっていく。そして，保護者が日々の送り迎えや行事の際に園で目にする保育士の姿は，保護者にとっての子育てモデルとなっていることを自覚し，どのような場面でも心を込めて保育すると共に，自然な会話のなかで保育の技術と心を保護者に伝えていくことも大切である。乳幼児の発達に適した環境や関わり方を熟知しているという保育士の専門性を，家庭の養育力向上のためにもいかしていくことが大切である。

3点目は，保護者を指導するのではなく，カウンセリングマインドを生かし保護者の「気持ちを受け止め」「相互の信頼関係」を図りながら支援を進めていくことである。保護者と子どもとの関わりを目にした際に気になる親子として目に映る場合であっても，なぜそのような関わりになっているのか，保護者の気持ちを受け止めながら理解を深めていくことが大切である。基本は，保育士から積極的にコミュニケーションをとる努力をし，「一緒に子育てしていこう」というメッセージを送ることである。保育士にそのような姿勢があってこそ初めて，保護者は保育士を信頼し，協力関係が築かれていくのである。

最後に，「自己決定の尊重」の原則である。保育士による子ども家庭支援は子どもの最善の利益を第一に考えることは先に述べたが，家庭のあり方や保護者自身の生き方は多様であり，他者があるべき姿を押しつけることはできない。たとえ困難を抱え，悩んでいる保護者であっても，その方自身に自己決定する力があることを信じ，自分の意思で問題を解決してもらえるように援助していきたい。それが，ひいては長い目でみた家族の成長や子どもの幸せにつながるからである。子育て負担を軽減させることは支援の出発点として大切にしながらも保護者自身が自信をつけ，子育て力を伸ばしていけるようにエンパワーメント(力を与えていく)していくことが重要である。

以上が，保育士等による保護者に対する支援の基本である。そもそも保育士の仕事そのものが，乳幼児を保育することを通して家庭を支える仕事といえる。子どもが園生活を楽しく，充実して過ごし，健やかな成長発達が促されるのであれば，親にも安定感や安心感を与え，家庭全体の生活が守られていく。さらに，必要以上に不安になりがちな子育て中の保護者に対し，子どもの発達にはさまざまな段階と豊かな個性があることを示すことで，安心感を与えていくことができるのである。

また，保育の場は子育て中の家族や子育て情報が集まりやすい場所であることから，地域の子育て文化を育み，発信し得る場として役割を果たしていくことが求められている。現在，さまざまな機会を通して多角的に子育て支援が行われているので，まずその概要を述べる。

（2） 保育の場における子ども家庭支援

保育所における子ども家庭支援には，次のA～Eの5つの内容(場面)がある。

A. 特別な配慮を必要とする子どもと保護者に対する支援

　　子ども家庭支援の基本的姿勢で学ぶ内容であるが，ソーシャルワーク機能を要求される支援が必要な場合も多い。子どもに病気や障害がある場合，保護者が精神的に追い詰められていることも多い。病気や障害に対して自分の対応が悪かったので子どもがこのようになったと考え，自分を責めている保護者もいる。子どもである以上，一生を通して支援していかなければならないと悲壮な思いでいる親もいる。また，生活のなかでみえていない公の援助を知らない保護者もいる。病や障害をもっているだけでも心の負担は大きい。保育者が支援しながら，その心に寄り添い共に歩もうとするとき，その姿勢に保護者は一人ではないと感じ，心の安定を得るようである。保護者として病や障害を受け入れ，今の子どもの状態からが出発点と考え，一歩を踏み出す思いになることは，対象児童にもよい影響を与え表情が明るくなる。この明るさが生じるまでの支援が求められる。そのためにも子どもの状況によって支援できる体制を日ごろから話し合い，園医や他機関との情報交換が大切である。

　　特別に支援を要する園児・障害児が在籍する割合は，以下のようである。

　　保育所：公営 78.7%，私営 65.4%
　　幼稚園：公営 66.8%，私営 50.0%

　　出典：Benesse 次世代育成研究所：「第一回幼児教育・保育についての基本調査報告書」

B. 預かり型の支援サービス

　　保護者がさまざまな出来事(介護・慶弔・病・ストレスなど)で一時的に子どもを預けたいときに対応するサービスである。休日保育を行っているところもあり，保護者の状況に応じ対応してもらえる。周りに祖父母など子育てを手助けしてくれる人がいない場合，育児ストレスがたまる。そういうときは，リフレッシュし育児への意欲を取り戻すためにも預かり型支援サービスの利用を進めたい。また，市町村によっては，援助する場合もあるので利用しやすくなっている。

　　虐待など不適切な育児になる前の支援として，より重要なサービスになってくると考えられる。また，地域の子育て支援の拠点として，保育所には，ぜひ望まれる機能である。

C. 居場所提供型の支援サービス(ひろば)

　　「地域子育て支援センター」事業を行っている保育所であれば，特に日常的に行われていることだが，それ以外の園においても定期的に園開放の時間を設け，地域の子育て家庭への支援を提供している。家庭に閉じこもるよりも，保育所やひろば事業に来てホッとする親の居場所づくりが大切になっている。特に保育所は，地域において最も身近な児童福祉施設であり，また，乳児から就学前までのさまざまな育ちを理解し，支える保育を実践している場でもある。実際に保育している場を見ると，言葉のかけ方や遊ばせ方など参考になることがたくさんある。また，保育者が直接助言するよりも，保護者が相互に子育ての悩みや喜びを語り合うほうが，保護者の気持ちが軽くなり自ずと問題解決に向かっていく

ことも多い。また，互いに悩みなど語り，共通の話題から仲間づくりの場ともなる。保育者から子ども理解のポイントをアドバイスしてもらえることも保護者にとって大きな支援となる。

D. 行事型の支援サービス

保育所行事を地域にお知らせし，保育園児と一緒に楽しんでもらう支援サービスもある。参加者は「来年入所を考えている方」や「ママ友に誘われて一緒に」「地域の広報をみて」などきっかけはさまざまである。行事を理由に無理なく保育所を訪れることができ，きっかけをつかみやすい。保育士から声をかけてもらえることで自然に打ち解け，行事のなかで交流が生まれる。また，子どもの年齢が近く悩みも同じことが多い。保育士に聞く前に親同士の話から問題解決になる場合もある。一人の子育ては孤独感も強く同じ仲間がいることを，保育所の行事参加を媒体として感じると子育てに不安が少なくなる。これはこの支援サービスのねらいでもある。

E. 相談・助言型の支援サービス

『保育所保育指針』にも説明があるように，保育所における相談・助言はさまざまな日常的な場面で行われる。形態としては1週間のうち曜日指定で電話による相談・面接による相談など行っている。しかし，構えて行うことではなくD. 行事型の支援サービス(育児講座や子育てサークル)と同じように，保育所を訪れたときなどにそばにいる保育士に気軽に尋ねたり，保育士とのおしゃべりを通して気づかされたりするなど，活動のなかで自然に実施されることが多い。相談したいことがあった場合，構えた状態では話しにくいこともあり，尋ねたい内容がどんなものでも受容し，支援していくことが大切である。ときには保育士の専門性の範囲や限界を超えた支援が必要なときもあるので，他機関との連携も考慮に入れた対応が大切である。

以上のように，さまざまな場面を子ども家庭支援の契機としてとらえ，多様なニーズに対応している。具体的なの支援内容については，本書のCHAPTER 3とCHAPTER 4に事例も紹介した。

（3） 子ども家庭支援の基本的姿勢

これまで述べたように，保育士等が子ども家庭支援において果たす役割は大変大きい。そこで，支援にあたる際には，支援者としての基本的姿勢を理解し，当事者を真に支える子ども家庭支援を行っていきたい。

1） 相互信頼関係

子ども家庭支援の基盤となるのは，保育士と保護者との相互の信頼関係である。日ごろからの信頼関係を積み重ね，気軽に相談してもらえる関係を築いていくことが，いざというときの家庭支援を意味のあるものにしていく。立場の違う者同士であり，誤解や行き違いがあることは避けられないが，一人ひとりの子どもの幸せを心から願い，そのために協力するつもりであることをしっかりと保護者に伝え，信頼を得る努力が必要になるだろう。その際には，保育士の共感性，コミュニケーション能力，そして保育士としての専門

的資質の高さが求められる。

2） 守秘義務

保育士等対人援助専門職には，法律で守秘義務が課せられている。家庭の背景などについて秘密保持に努めることは当然であるし，また相談された内容についても職務上必要のない限り第三者に他言してはならない。そのため，他の保護者がいる場で相談内容に触れることなどは避け，相談を受ける際も場合によっては，他の保護者の視線を気にしなくてすむような別室へ案内することも必要である。こうしたことは，上述した保護者との相互信頼関係を守るためにも重要な配慮である。

ただし，職員間ではより適切な保育や子ども家庭支援を行うために基本的事項については，情報を共有し，対策を協議しておく必要があり，このような職務上の情報提供は守秘義務に違反するものではない。特に子ども虐待の疑いがある場合など乳幼児の安全・健康に関わる問題では，担任だけでなく園長や主任にも状況を知らせておく必要がある。

3） 受 容

保護者は子育てを楽しいと感じる一方で，負担感，孤立感，閉塞感などをもちながら生活している。保育士等が子ども家庭支援に関わる際には，養育の不足がある点にばかり焦点を当てるのではなく，今現在の保護者をまず受容することを意識することが大切である。

「受容する」という概念は，間違っていると感じても「そうですね，その通りですね」と受け入れることではない。「○○さんはそう感じられたんですね。どんなときにそう思うのですか？」など，相手の発言や行動を受け止めながら，そのような行動をせずにいられない気持ちを認め，肯定的に理解することである。大切なことは，話を聞く前から否定したり助言したりするようなことはせず，保護者の気持ちや状況を十分に聴いて保護者自身がある程度落ち着いてから，保育士が理解している状況を伝えたり，解決策を話し合ったりするという姿勢である。その際，じっくりと相手に寄り添いながら傾聴することを心掛けたいものである。

4） 個別性への理解

同じ園に通園している人々のなかでも，それぞれの家族に必要な援助は，家族の置かれた状況や緊急性のレベルによって異なり，多様に準備されなければならない。また，価値観や子ども観，ものの感じ方や生活スタイルなどは，人それぞれであることを理解し，価値観を一方的に否定したり押しつけたりしないよう，十分に配慮する。

特に，家庭の抱える課題は，さまざまに錯綜し，場合によってはとても深刻な問題を背景としていることもある。保育士等は性急に変化を求めアドバイスを先行してしまうのではなく，子と保護者が何を求めているのかを見極めるために，慎重に家庭全体を理解しなければならない。

一方で，現代の保護者は育児書・育児雑誌やインターネットなどで得られる情報をもとに「あるべき育児」をイメージしている場合も多く，そのためにかえって自分の現実とのギャップを感じ，焦ったり自信を失ったりしていることがある。保護者にとって必要な支援は，一般論としての育児技術ではなく，その家庭とその子どもにとって何を大切にしていくべきかを共に考えていくことである。

5) 隠されたニーズへの理解

　子ども家庭支援には，2つの始まり方がある。一つは保護者自身からの相談があり，保育士等が対応する場合であり，もう一つは保育士等が保育を進めるなかで子ども家庭支援のニーズを察知し，保護者に働きかけるという場合である。いずれにしても，子ども家庭支援のニーズは初めから支援者・保護者の双方にはっきりと了解されているとは限らない。保護者から何らかの相談があったとしても，言葉にされた要望や相談だけに目を向けるのではなく，言葉の裏に隠れている本当のニーズや悩みを把握することが大切である。保護者自身に問題が自覚されていない場合には，見守りながら家庭の状況を理解し，信頼関係を深めたうえで保護者の気づきを促していく。

6) 自己決定の尊重

　冒頭でも述べたとおり，「自己決定の尊重」は子ども家庭支援の原則である。子どもの最善の利益を考え，育児負担を軽減し，子どもにとって最善の環境を提供することはもちろんのこと，可能な限り家庭の育児力を高め，保護者が自立していけるよう，支援の過程では保護者自身に自己決定を促すという原則を遵守する。そのためには，現在の家庭内での努力や積極的な姿勢をどんなに小さなことであっても十分に認め，子育て力として生かしていけるよう励ましていこう。

　同時に，現在の家庭の育児環境に好ましくない姿がみられた場合であっても，家庭のあり方，家庭の形は流動的であることを理解し，長期的見通しに立って支援するという認識が必要である。

7) チームで対応する

　子ども家庭支援においては，保育のなかで配慮すべきことや，園としての対応を職員間で協議しながら進めることが多々あり，担任保育士だけで抱え込むのではなく職員同志のチームをつくって対応することが望ましい。保育士の願いと保護者の願いがすれ違い，保育士と保護者との緊張関係が高まったり，状況の改善が目にみえずに方向性が見失われたりする場合もあるため，常に第三者が話を聞き，総合的な支援の方針を明らかにし，保育士が自身の個人的傾向（ものの見方）を自覚して，冷静に保護者対応にあたれるよう指導する必要がある。

　園長や主任が中心となって協議することが基本だが，臨床心理士などの巡回相談員に相談することも可能である。また，経済的な問題や家族の問題，夫婦の問題，DVや子ども虐待，保護者の心身の疾患など，複雑な問題がある場合には，福祉事務所，保健センター，児童相談所，病院など専門機関の協力をあおぐことも大切である。

〈文　献〉 ─────────────────────────

　厚生労働省編：「保育所保育指針解説書」，フレーベル館（2008）

　日本子ども家庭総合研究所編：「日本子ども資料年鑑2010」，KTC中央出版（2010）

（森　静子）

CHAPTER 2

家庭生活を取り巻く社会的状況

━ SECTION 1 ╲ 現代の家庭における人間関係

（1） 夫婦関係

　　家庭内における家事，育児，介護などに対する夫と妻の役割分担は，一般に「性別役割分業」とよばれる。性別役割分業とは広義には社会や集団内で，性別によって異なった役割が割り当てられていることを指すが，特に家庭内における「夫（男）は仕事，妻（女）は家事・育児」といった役割分業を指して使われることが多い。

　　性別役割分業における「性別」とは，生物学的な意味よりは，社会・文化的性別（性差），いわば「ジェンダー」による役割分業である。このような「男は仕事，女は家事・育児」という役割配分は，男女の身体上の能力などの性差を根拠に行われているというよりは，社会において長い間に醸成された男女それぞれに対する「倫理観」，「ふさわしさ」，「望ましさ」である。すなわち，「男らしさ」とは「家庭の外に出て経済的に一家を支えること」と「家族を守ること」であり，「女らしさ」とは「子どもを育てること」「生活を維持するための家事を行うこと」である。

　　このように「性別役割分業」は性別・性差に対する社会の価値観や観念に従って割り当てられているのである。したがって，性別役割分業における役割配分は，普遍的なものではなく，時代に応じて変化していくものである。

　　このような性的役割分業が，日本において一般的になったのは，第二次世界大戦が終結し世の中が落ち着きをとり戻した1950〜60年代の高度経済成長期といわれる。好景気を背景に，産業構造が大きく変化した時代である。産業の中心が第一次産業から第二次産業さらには第三次産業へと移行し，人口の増加も相まって，労働者不足が深刻化し，雇用も増大した。

　　この時代において，夫は安定した職に就き，一定の給与を受け取ることで，家計を支えることが最も重要な役割であった。それによって妻は家庭内の仕事に専念することができ，専業主婦化が進んだ。一方で労働力不足を補うためパートタイマーの需要が拡大し，主婦のなかにはパートタイマーとして働く者も徐々に増えてきた。

　　高度経済成長が陰りをみせる1970年代以降は，妻のパートタイム労働がより一般化した。これは景気の後退や，教育費の増大により，家計が圧迫され，それを補うために妻が働きに出るようになったためである。現在では家計を補うためだけではなく，自己実現のために働く主婦も増え，雇用形態もパートタイムだけではなく，フルタイムで働き続ける主婦が多くなっている。

しかし，妻が働き始めたことによって「夫は仕事，妻は家事・育児」という分業に劇的な変化が起こったわけではない。現代でも，専業主婦であろうと，フルタイムで働こうと「家事・育児」という家庭内の役割は妻が中心に担い続けている。その意味では「妻は，家事・育児＋仕事」という形になりつつあり，家庭内における妻の役割負担は増大し続けている。

　では，既婚女性は性別役割分業についてどのように考え（性別役割分業観），どのような現状におかれているのだろうか。「全国家庭動向調査（第5回）」（国立社会保障・人口問題研究所　2013年）の結果から見てみることにしよう（表2−1〜3，図2−1〜5）。

表2−1　「結婚後は，夫は外で働き，妻は主婦業に専念すべきだ」への賛否（年齢別，就業形態別）

	総　数			賛　成			反　対			不　明		
	第3回	第4回	第5回	第3回	第4回	第5回	第3回	第4回	第5回	第3回	第4回	第5回
総　数	7,771	6,870	6,409	39.6%	43.6%	40.7%	50.3%	47.7%	49.9%	10.1%	8.7%	9.4%
妻の年齢												
29歳以下	496	330	226	34.5%	45.8%	40.7%	62.1%	49.7%	57.1%	3.4%	4.5%	2.2%
30〜39歳	1,606	1,369	971	32.5%	40.3%	37.5%	63.0%	56.3%	58.9%	4.5%	3.4%	3.6%
40〜49歳	1,610	1,401	1,404	31.3%	37.9%	36.6%	63.0%	57.3%	59.3%	5.7%	4.8%	4.1%
50〜59歳	1,997	1,603	1,406	40.8%	39.8%	33.4%	49.9%	54.3%	59.3%	9.4%	5.9%	7.3%
60〜69歳	1,287	1,366	1,478	51.7%	50.1%	47.6%	32.6%	37.6%	41.4%	15.6%	12.4%	11.0%
70歳以上	775	801	924	51.7%	54.4%	50.1%	20.1%	19.6%	24.0%	28.1%	26.0%	25.9%
妻の就業形態												
常勤	1,129	1,179	872	21.0%	32.1%	17.8%	73.0%	62.8%	76.5%	6.0%	5.1%	5.7%
パート	1,610	1,427	1,683	30.2%	37.5%	34.0%	63.3%	56.9%	59.9%	6.5%	5.6%	6.1%
自営・家族従業	1,021	809	737	40.0%	42.2%	39.1%	46.5%	49.3%	49.7%	13.5%	8.5%	11.3%
専業主婦	3,600	2,898	2,745	50.6%	52.8%	53.7%	38.8%	37.3%	36.2%	10.6%	9.9%	10.1%
その他	126	188	146	26.2%	31.4%	32.2%	69.0%	66.0%	62.3%	4.8%	2.7%	5.5%
不詳	285	369	226	32.3%	39.8%	31.0%	36.1%	33.3%	33.2%	31.6%	5.1%	35.8%

　まず，「夫は外で働き，妻は主婦業に専念する」という性別役割分業観について意見を求めた結果は表2−1の通りである。「賛成」（賛成＋どちらかといえば賛成）が40.7%，「反対」（反対＋どちらかといえば反対）が49.9%で，調査対象となった妻のおよそ半数は性別役割分業について「反対」，つまり望ましくないと考えている。就業形態別では「賛成」は，専業主婦（53.7%）に多く過半数を超える。「反対」は常勤（76.5%）やパート（59.9%）で多い傾向にある。年齢別でみると「賛成」と答えた割合が高い世代は60代（47.6%），70歳以上（50.1%）であり，「反対」を上回っている。一方，「反対」と答えた割合が高い世代は40代，50代（ともに59.3%），次いで30代（58.9%）となっている。

　この結果から，仕事をもっている場合や調査時に子どもを産み育てる時期にあたる30，40代では性別役割分業に反対する傾向にあり，一方専業主婦や分業で家庭を維持してきた60代以上や，これから子どもを産み育てるであろう20代では賛成する傾向にある。

　一方，家庭内の分業の現状はどうであろうか。家事に関する妻の家事分担の割合についての回答結果は図2−1のとおりである。妻の家事分担の割合は，世代別にみると特に40代が高い。この世代では8割以上を妻が家事を担っているとする妻集中型が83.9%で，ほかの世代と比べて最も多い。また100%妻が担う妻完全遂行型も40，50代ともに2割強である。このことから特に40，50代では「妻は家事」という性別役割分業が行われている傾向がある。就業形態別（図2−2）でみると，ほかの就業形態に比べて常勤の場合は，妻集中型

● SECTION 1　現代の家庭における人間関係　　19

(80%以上を妻が分担)の割合は低く，それ以外では家事の負担が高い傾向にあるが，常勤の場合にも妻専従型は13.7%となっており，常勤でも必ずしも夫が家事を分担しているわけではないことがわかる。

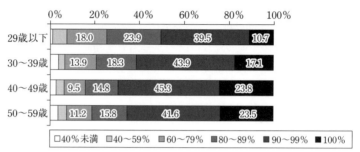

〔注〕妻の年齢が60歳未満について集計

図2－1　妻の年齢別にみた妻の家事分担割合の分布

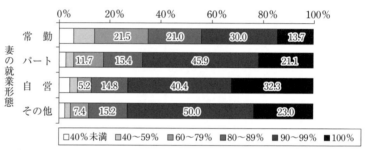

〔注〕妻の年齢が60歳未満について集計
〔注〕自営には家族従業者を含む。その他の大多数は仕事をもたないいわゆる専業主婦である

図2－2　妻の従業上の地位別にみた妻の家事分担割合の分布

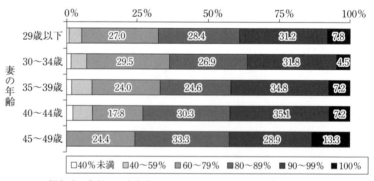

〔注〕妻の年齢が50歳未満で子どもがおり，第1子が12歳未満について集計
　　四捨五入の関係で割合の合計が100にならない場合がある。

＊夫と妻の間での育児の分担割合については，第2回調査と第3回調査では第1子の育児について，第4回調査と第5回調査では出生順位に関わらず調査実施時点の育児について尋ねている。

図2－3　妻の年齢別にみた妻の育児分担割合の分布

次に，育児についてみると(図2－3)，どの世代でも妻集中型は6割以上であり，年齢が高いほど妻専従型の傾向は高く，育児における妻の負担が大きいといえる。

この結果から「理想と現実のギャップ」がみえてくる。妻たちは性別役割分業については

「反対」が「賛成」を上回ったように，妻が家事・育児を中心的に担う性別役割分業を必ずしも望んでいない。しかし実態として，家事も，育児も妻が中心に行う傾向が強い。特に40代においてこのような「理想と現実のギャップ」が強く表れている。

　20〜50代は，性別役割分業に6割近くが「反対」している。しかし現実的には，家事も育児も妻集中型や妻専従型が多い。特に40代は「夫は仕事」という分業上で働く夫（同世代だとすれば）も責任のある仕事を任されるなど，仕事上の負担が増す世代である。子育て真っ只中世代でもあり，直面する現状は「これが現実」とあきらめざるを得ない状況も考えられる。多くの妻の思いとは異なり，性別役割分業による家庭の運営が行われているとともに，妻が就業していても，妻の家事・育児の負担がなくならず，「妻は家事・育児＋仕事」という形で負担が増えていることがうかがえる。

　このような現状のなかで，性別役割分業観も変化をみせている（表2−1）。同調査では，すべての世代で前回の調査（第4回）と比べて性別役割分業に「反対」と答える割合が増加している。特に20代は前回の49.7％から57.1％とほかの世代に比べて「反対」と答えた割合が目立って増えている。この結果をどうとらえるかは今後の経過をみる必要があるが，20代は自分の母親が就業しながら家事・育児をこなす姿を見て育った世代でもある。その姿を反面教師のようにとらえているという見方もできる。図2−1において，妻完全遂行型は10.7％であるが，第4回調査では20.3％だったことを考えると，他の世代に比べて夫が協力的な様子がうかがえる。また，妻が常勤やパートで働く場合には，夫の家事遂行の割合が前回調査に比べて高くなっている。育児の分担割合は，妻が60％以上を担っていると答える割合がどの世代でも減少している。「妻は家事・育児＋仕事」というような形で妻の負担が増加しながらも，少しずつではあるが「夫は仕事＋家事・育児」というケースも増えてきている。しかし，依然として役割分担のあり方には夫と妻のそれぞれの思惑がすれ違っているといえる。

　これまで夫婦関係において重要な家庭内の役割のあり方，特に性別役割分業を中心にみてきた。性別役割分業が現在さまざまな形で問題とされるのは，「仕事」「家事・育児」という配分される具体的な役割の質に関係する。夫が中心的に担う「仕事」の多くは雇用契約をし，保障や休暇，そして給与も受け取ることができる有償労働（ペイド・ワーク）である。一方で妻の「家事・育児」は同じ労働でありながらも給与はもちろんのこと休みもなく際限なく続く無償労働（アンペイド・ワーク）である。無償労働は有償労働と異なり，評価を受けにくい労働である。能力に応じた対価が発生しないという実質的な評価だけでなく，特に家庭内の無償労働は「だれでもできる」「できて当たり前」とみなされ，社会においても家族成員からも，そもそも労働としてみなされ難い。そのような意味でやりがいをみい出せずに負担に感じやすくなることが，性別役割分業の問題点である。

　今後は夫の意識にも注目する必要がある。妻が就業するケースが増えたとはいえ，性別役割分業が維持され続けている限り夫が主となって家計を支えることに変わりはない。そのようななかで家事・育児も家庭における夫の役割として求められている。残業などの労働時間の長時間化，リストラや非正規雇用の増加など，働き手として期待される夫の状況は，現代のわが国において決して安定しているとはいえない。それでも家計を支える大黒柱としての役割を担わなければならない「精神的な重圧」をどう分け合っていけるのか，夫

婦関係を考えるにあたって考慮しなければならない課題である。

（2）　親子関係

　ここでは親子関係のなかでも特に成人以降の子どもと親の間の支援関係について述べる。現代の親子の支援関係は，社会的な状況を含めて実態やその特徴について理解する必要がある。

　まず親から子への支援関係である。既婚の子どもの場合には結婚生活への親の関与の度合い，具体的には子育てや金銭的な面での支援関係が中心となる。1章で述べたように世帯規模が縮小し，少人数での家庭の運営を強いられるなか，同居メンバー以外に援助を求める必要性が高まることは予測される。各種の社会資源（たとえば，子育てにおける託児所や保育園など）を利用することもできるが，それでも親の役割は大きいと考えられる。それは親のライフコースとも関係する。

　2015年現在の日本人の平均寿命は男性80.79歳，女性87.05歳である（厚生労働省『平成27年簡易生命表』）。

　仕事をしている人であれば現役を退くであろう60〜65歳以降，人生を謳歌する時間的余裕がまだ十分ある。専業主婦であっても少しずつ家庭内の負担から解放され，老後の時間を楽しむ余裕が出てくる。男性に比べて女性のほうが平均寿命がやや長いということは，統計上では母親は父親よりも時間的に長く老後を過ごせるということになる。つまり現代の長寿化によって，子どもは親の老後の余裕を見込んで，親を「支援の受け皿」として期待することができるようになったのである。

　実際に既婚の子と親の間の支援関係はどうなっているのだろうか。「第5回全国家庭調査（2013）」をもとに見ていくと（表の題名などは改編している）親子の居住の状況は妻の年齢が29歳以下で約4人に1人が親（配偶者の親も含む）と同居している（表2－2）。30代では同居する割合が減少し，そこから50代にかけて上昇している。20代では収入面での不安から親世代と同居するケースが考えられ，40代で同居が増加するのは介護のためなどが考えられる。また，同居していなくても自宅から60分未満の距離に親が住んでいるケースは7割を超えており，居住の状況からみても親からの支援を受けやすいといえる。

　具体的に支援の状況についてみてみると，まず子育てに関する親の支援について「出産や育児で困ったときの相談」など精神的なサポート，子どもの世話の代行などの行為としてのサポートに分けてみた場合，精神的なサポートの面では46.9％の妻が親をサポートの

表2－2　同居していて配偶者がいる子（18歳以上）に支援した母親の割合（%）

子の年齢（妻）	4人の親のうち誰かと同居		どちらかの母親と同居		妻の父親と同居		妻の母親と同居		夫の父親と同居		夫の母親と同居	
	ケース数	%	ケース数	%	ケース数	%	ケース数	%	ケース数	%	ケース数	%
29歳以下	197	27.9	203	24.6	182	6.6	202	8.4	178	15.2	194	17.0
30〜39歳	836	24.0	876	21.2	777	5.4	871	6.7	706	16.0	821	15.6
40〜49歳	1,236	30.5	1,256	27.5	938	7.0	1,170	7.1	793	21.9	1,094	24.0
50〜59歳	1,109	38.4	1,078	35.6	459	12.0	914	10.5	331	36.6	751	38.4

〔注〕妻の年齢が60歳未満について集計
　　　子の年齢は妻の場合についてのみ集計

対象として最重要であると答えている(図2-4)。

一方,行為としてのサポートに関しては「第1子出産時の妻の身の回りの世話」や「第2子出産時の第1子の世話」など出産に関わるものに関して6割から7割の妻が親からのサポートを最重要と位置づけている。「妻が病気のときの子どもの世話」の場合も,3割から4割が親からのサポートを最重要としている(図2-5)。精神的なサポートや出産時の支援については,妻方の親を頼りにする傾向が強いが,定期的にあるいは長期にわたる子どもの世話の場合には妻方,夫方関係なくサポートを受け入れているという結果が出ている。

それでは金銭面での親の支援についてはどうであろうか(表2-3)。母親が既婚の子どもに対してどのような金銭面の支援を行っているか同調査の結果によると,「結婚資金」の支援をしている割合が最も高く,約半数が支援を受けている。特に子どもが男の場合は半数を超えており,女の場合よりも高い割合となっている。次に「孫に関する費用」について約3割の母親が支援している。これは子どもの性別にかかわらず支援をする傾向にあ

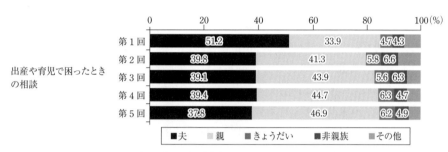

図2-4　調査回別にみた精神的サポートの最も重要な支援提供者

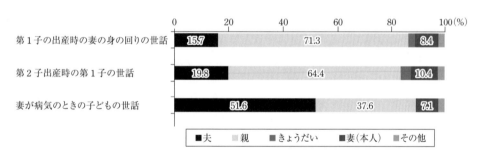

図2-5　世話的サポートの最も重要な支援提供者

表2-3　同居していて配偶者がいる子(18歳以上)に支援した母親の割合(%)

子の性別	子の年齢	ケース数	出産時の世話	病気時の世話	悩み事の相談	生活費	結婚資金	住宅資金	教育費	孫に関わる経費	孫の身の回りの世話	なし
男性	20〜29歳	158	13.3	14.6	22.2	32.3	52.5	12.0	32.9	36.1	21.5	7.6
	30〜39歳	612	17.5	16.3	13.4	21.6	51.8	24.3	28.6	40.2	28.8	14.4
	40〜49歳	483	24.2	8.9	9.9	13.3	46.8	25.5	26.5	35.4	28.0	15.7
女性	20〜29歳	239	50.6	32.2	41.8	30.1	49.8	9.2	31.0	35.6	38.5	7.9
	30〜39歳	808	69.6	30.6	32.4	18.9	47.3	15.3	27.5	46.8	48.3	5.7
	40〜49歳	520	65.0	21.7	22.1	10.8	40.0	15.6	22.9	38.5	38.7	14.2

〔注〕子の年齢が20〜49歳について集計
　　 子の性別に分けて集計

る。最後に「住宅資金」については子どもが男の場合には2割強，女の場合には約1割とやはり男の場合に支援する傾向が強い。このように金銭面では全般的に，子どもは特に夫方から支援を受けていることがわかる。

　親は子どもが結婚した後も子どもの家庭運営に積極的に関わり，出産や子育てにおいては心理的・行為的に，結婚や住居の購入，孫にかかる費用などにおいては金銭的に重要な「支援の受け皿」となっている。共働きなどによって，子どもの世話などの支援を必要とする既婚の子ども側(特に女性)と，子どもに比べて時間の余裕ができ，孫という幼い命と関わる楽しみを味わうことができる親(特に母)との「相思相愛」の関係がこのような親子の支援関係を維持させている。孫の世話は，親が高齢になれば体力的に容易ではなくなるが，子どもとしては親はわがままのいえる，それも無料で世話を請け負ってくれる相手として「都合がよい」。しかし，この場合親が負担に感じてしまうことが少なくないため，育児サービスなど他の社会資源をさらに整備し，有効活用していくことも重要である。

　支援関係は，既婚者の子どもと親の間に限ったことではない。独身者についても同様に考える必要がある。わが国では晩婚化(あるいは非婚化)が進んでおり，子どもが実家で暮らす期間も長くなっていることが指摘されている。このように未婚のまま独立せず実家暮らしを続ける独身者は，パラサイト・シングルとよばれている。子どもは学卒後仕事をもっても独立せず親と同居することで家賃がかからず，生活するためにかかる費用も一人暮らしをするよりも安く済ませることができる。また，働いたお金を趣味や自己実現のために回すことができるうえ，身の回りの雑事も親の支援を受けられるという利点がある。

　このようなライフスタイルへの評価はおいておくとして，パラサイト・シングルという独身者の傾向からみてわかることは，親が子の面倒をみる若さや余裕があるということでもある。親にとっては子どもが近くにいてくれるということは心強く，うれしいことであり，その意味では親側が同居を望んでいるということもある。つまり子どもの一方的な「パラサイト」なのではなく，利点を見込んだうえでの同意に基づいた支え合いの同居と考えることができるだろう。

　しかし，このような独身者の子どもと親の支援関係は近年変化しつつある。景気の後退による雇用不安によって，特にバブル崩壊以降に就職した世代である30〜40代は正規雇用，終身雇用といった「安定した」職や働き方を手に入れることが困難な時代になっている。このような状況は当然晩婚化に拍車をかける。そしてこのような傾向によって30，40代の未婚の独身者が実家に暮らし続けるというパラサイト・シングルが増加し続けることが予測される。しかし，経済的によりどころとしてきた親が亡くなれば，一気に生活が困窮するという状況に陥る可能性がある。よって，かつてのようなパラサイト・シングルのように経済的な余裕を背景に趣味や仕事に専念する独身者の子どもと，経済的にも時間的にも余裕のある親の同居から，子どもが経済的に不安定な状態で，親元での暮らしを余儀なくされているという形へと変わってきている。

　最後に親子の支援関係でも，子どもから親への支援の関係である。親への支援で欠かせないのは介護についてであろう。先に述べたようにわが国は長寿化が進んだ，高齢社会である。「全国家庭調査(第5回)」において「親の介護は家族が担うべき」という考えについて賛否を問うたところ，「賛成」(どちらかというと賛成＋まったく賛成)は約6割いる。親

の介護は子どもがすべきという規範は，調査を重ねるごとに減少傾向にあるが，現在も支持されている。

　子世代が晩婚である場合，出産も遅くなる。子世代の結婚や出産の年齢が上がれば，当然同時に親世代も年齢を重ねる。子どもの結婚，出産が遅れると，親もその時点で高齢になっており，介護が必要となる可能性が高くなる。つまり，晩婚・晩産の状況は，子世代が子育てと同時に，親の介護を引き受ける可能性を高める。

　先の「全国家庭調査（第5回）」では親の介護を必要とする割合は20～40代で総じて低い。特に40代は介護が必要な親をもっている割合が高いが，いずれの親（夫方，妻方の父母）に関しても15～19％前後である。しかし介護を必要とする割合は前回の調査（第4回）に比べ上昇している。調査の結果からは子世代が子育てと同時に介護を行うという状況は差し迫っているわけではないようにみえるが，40代という子育てに忙しい時期に親の介護を必要とする割合が増加している傾向は見逃せない。子育ての時期に親の介護の必要性が顕在化してくる40, 50代は本格的に介護に直面しながらも職場ではある程度責任を負うこととなり，家庭内の役割をどう配分するかについては非常に大きな課題ということができる。

　また，親の介護の問題は，独身者の子どもについても同様である。晩婚で，親元で暮らすパラサイト・シングルが増えるということになれば，その間に親も高齢化し，もはや親は子の世話をするよりも，世話を受ける必要が出てくることも考えられる。親の介護が必要となった場合に，子ども自身の結婚や仕事など先のライフコース上の選択について，どう考えればよいかという親の介護と自らの自己実現との狭間で葛藤が起こることが考えられる。独身者の場合には既婚者の子どもの場合とは異なった問題状況が起こりうるのである。

（3）　きょうだい関係

　きょうだい関係についても支援を中心にみていく。夫婦や親子に比べて，実際に人的資源として，きょうだいの助けを借りるという機会は少ない。先の既婚の子どもに対する親の支援でみたように，親（特に母親）を最重要と考える傾向は強かった。子育てに関する支援についての調査結果（図2−4，図2−5）で，きょうだいについてみてみると，やはり親と比べてきょうだいを最重要と位置づける割合はかなり低い。そのなかでは短期的・突発的に必要になると考えられる「第1子出産時の妻の身の回りの世話」「妻の第2子出産時の第1子の世話」「妻が病気のときの子どもの世話」，などの世話的サポートにおいて重要と考えている傾向があった。また，「出産や育児で困ったときの相談」（6.2％），という精神的なサポートにおいても重要と考えられていた。また，きょうだいの場合には，平日の子どもの世話というような日常的に継続する支援ではなく，出産時や介護時など特別に何かあったときに支援する関係であることがわかる。

　このようにきょうだい間での支援関係が疎遠であったり，特別なときに限った支援関係であるのは，どのような理由によるのだろうか。きょうだいが，既婚の場合は，結婚によって築く自分と夫を中心とした生殖家族を中心に生活をしていくことになる。特に結婚後間もない場合や子どもが幼少期であれば，経済的にも安定せず，家庭を運営するために懸命

● SECTION 1　現代の家庭における人間関係　　25

にならざるを得ないため生殖家族を第一に考えることによって，相手の生殖家族について配慮する余裕がもてないのである。

　世話的サポートも精神的サポートにおいても，きょうだいを最重要の支援者とする割合は低く，きょうだい間の支援関係は築きにくいと考えられる。しかし，精神的サポートを最重要とする割合は，世話的サポートよりも高く，第3回調査までと比べても微増傾向にある。互いの生殖家族を第一にしながらも出産や子育てについて相談したり，情報を共有したりするような精神的サポートの面では，きょうだい間の支援関係を今後期待することができるだろう。

　小規模化した世帯のなかで人的な資源を確保することが難しいが，きょうだいの支援関係の可能性を探っていく必要がある。

〈文　献〉
　厚生労働省：第5回全国家庭動向調査(2013)
　厚生労働省：平成27年簡易生命表(2015)
　山田昌弘：「パラサイト・シングルの時代」，筑摩書房(1999)
　山田昌弘：「新平等社会―「希望格差」を超えて」，文芸春秋(2006)
　山田昌弘：「希望格差社会―「負け組」の絶望感が日本を引き裂く」，筑摩書房(2007)
　袖井孝子：「少子化社会の家族と福祉」，ミネルヴァ書房(2004)

（百瀬ユカリ／森川みゆき）

━ SECTION 2 │ 地域社会の変容と家庭支援

（1） 私たちの生活と地域社会

　人は家族のなかで生まれ，家族の養育によって育まれ成長していく。家族は，家族だけで独立して生活しているのではなく，地域のなかで生活している。住居を構え，仕事を求め，地域の店から生活に必要な物資を購入し，行政サービスを利用する。

　つまり，私たちは地域のなかに位置し，地域に暮らす人・もの・制度との密接な関連をもち，それらの社会資源を活用しながら生活を維持しているのである。

　また，人は成長するに伴い，ごく身近な家族との関わりだけではなく，地域に暮らす人々とのつながり，関わり合いをもつこととなる。成長に伴い，個人の生活圏が広がっていくにつれ，人間関係は，家族・親族というような，生まれながらに与えられたものから，地域で出会う人々との人間関係へと拡大していく。

　たとえば，乳児は同居する両親やきょうだいとの人間関係が中心であるが，幼児は保育所・幼稚園で他の子どもとの関わりや先生との出会いがある。学齢期になると，学校生活のなかで同年代の友人や，課外活動などを通して異年齢の子どもとの人間関係を拡大していく。これ以外にも，習い事，塾など学校以外の場でも，さまざまな大人と出会うことも経験するだろう。このように，人は成長に伴い，家族を中心としたごく身近な人との人間関係から，地域生活を通して出会うさまざまな人々と人間関係を築いていく。これらを通じて，人とのつき合い方や，社会で求められるルール・規範などを学び，社会性を身につけることができるのである。こうして他者との人間関係は，個人が生活を送る地域において経験し，築かれていくものである。

　以上のことから，私たちの生活と地域社会は非常に密接な関係にあることが理解できる。

　地域社会とは身近で，よく耳にする言葉であるがその意味は，曖昧かつ感覚的にとらえられて使われている。

　地域社会という言葉が何を示すかについては，人と人との社会関係の広がりに照らして整理することができる。たとえば，非常に身近で狭い範囲の地域社会といえば，町内会や自治会，あるいは小学校区を意味し，一方，より広い範囲の地域社会は，市町村のような基礎自治体を目指す。つまり，地域社会とは，わが国全体ではなく，一定の範囲内の社会関係を指すということができる。

　では，一定の範囲とは何であろうか。これは，私たちが生活する場所を中心に，そこから同心円状に広がる範囲を指しており，その時々で大きくなったり小さくなったり重層的にとらえられる。たとえば，中学校区・連合自治会，小学校区，単位自治会・町内会などである。同じ基礎自治体のなかにあっても，それぞれの範域で地域特性や住民の意識・価値観が異なれば，生じる共通問題が異なり，処理システムも独自性があることから，地域社会とは，私たちの生活の場に生じる共通問題を処理するシステムを主要な構成要素として成立する社会であると定義できる。

　また，地域社会が変化してきているといわれているが，それはどのようなことであろう

● SECTION 2　地域社会の変容と家庭支援　　27

か。以前は田畑が広がる地域だった場所が開発されて住宅地となり，他の地域から新たにたくさんの人が移り住んだり，郊外型の大規模商業施設ができたりすることなどが例として挙げられる。このような物理的な変化は，私たちの生活を変化させる。

　逆に，私たちの生活が変わり，意識や価値観，求めるものが変わったことで，人の生活や意識が地域社会の様相に影響を与えていることもある。

　このことから，地域社会の変化をとらえる視点として，現代における私たちの生活状況を把握することが大切である。

　わが国において，高度経済成長期に大都市やその近隣地域への人口流入が著しく，「核家族世帯」や「単独世帯」が増加した。「核家族世帯」の増加率は，減少傾向にあるものの，依然増加し続けており，3世代を含む「その他親族世帯」の減少が続いている。また1世帯当たりの人員も，家族類型に関わらず減少傾向にあり，家族規模の縮小が進んでいる。

　これらの結果から，家族の規模の縮小という状況に照らし，家族のもつ機能も低下・縮小していることが考えられる。子育て期にある家族に着目すると，家族のなかで日々子どもの養育は両親（ひとり親家庭においては，その親）が担うことになる。さらには家族の規模が縮小するということは，きょうだいの人数も減少し，家庭内で子ども同士の人間関係を育む機会も減少していると考えられる。このことから，家族以外の人との関係を結ぶことができる地域社会とのつながりは重要である。

（2）　家事・子育ての外部化

　次に，小規模化している家族において，就労の状況がどのようであるかをみてみたい。わが国においては，高度経済成長期を契機とする産業構造の変化に伴い，雇用者の夫と専業主婦の世帯が多数を占めることとなった。1980（昭和55）年から2008（平成20）年までの動向をみると，1980（昭和55）年では「男性雇用者と無業の妻（専業主婦）からなる世帯」が「雇用者の共働き世帯」を大幅に上回っているが，その差は年々縮小，1990年代半ばには，その差がほとんどなくなり，1997（平成9）年には両者の数が逆転，そして年々その差が広がってきている（図2－6）。特に，子どものいる典型的一般世帯数の共働き世帯数の割合は1985（昭和60）年には3割に満たなかったのが，年々その割合が多くなり，2010（平成22）

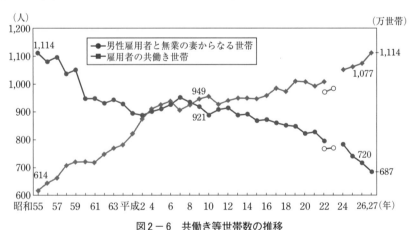

図2－6　共働き等世帯数の推移

出典：内閣府男女共同参画局：平成28年版「男女共同参画白書（概要版）」(2016)

表2－3　共働き世帯数および割合の推移　　　　　　　　　　　　　　　　　　（万世帯）

区	分	典型的一般世帯数	共働き世帯数	割合(%)	子どものいる典型的一般世帯数	共働き世帯数	割合(%)
1985	昭和60年	2,591	722	27.9	1,940	576	29.7
90	平成2	2,654	823	31.0	1,888	642	34.0
95	7	2,766	908	32.8	1,835	665	36.2
2000	12	2,867	942	32.9	1,791	671	37.5
05	17	2,910	988	34.0	1,742	695	39.9
10	22	2,917	1,012	34.7	1,687	708	42.0

〔注〕1）共働き：夫と妻がともに就業者（うち非農林業雇用者）の世帯
　　　　典型的一般世帯：一般世帯のうち，夫婦のみ，夫婦と親，夫婦と子ども，夫婦・子どもと親から成る世帯
　　　　各年2月
　　2）労働力調査特別調査は，平成14年1月より労働力調査に統合された。
出典：総務省統計局「労働力調査特別調査」／「労働力調査」

年では4割を超えている（表2－3）。これらの背景には，女性の高学歴化，経済状況の不透明，ライフサイクルの変化などがある。高等学校等への進学率については，男女ともに大きな差はなくなってきており，短期大学への進学者は減少しているが，大学への進学者は増加傾向にあり，高等教育機関での専門的な知識や技術を身につける人が増加していることが指摘できる。また，その知識や技術を生かして社会で活躍したいというニーズをもつ女性も増えている（図2－7）。

　この状況下において，従来家庭のなか，家族の手によって行われてきた家事や子育てが，さまざまなサービスによって代替されている。日常的に必要とされる物資は夜遅くまで開いているスーパーマーケットやコンビニエンスストアで購入したり，インターネットの普及や宅配サービスなどを活用すれば，買い物に出向かなくても手に入れることができる。また，雇用者として働く母親の子育ては，保育所の保育士や，各種保育サービスによって担われている。洗濯や掃除も家電製品の開発が進み，時間や手間をかけずとも済ませることができるだけではなく，経済状況が許せば業者のサービスで対応することもできる。こ

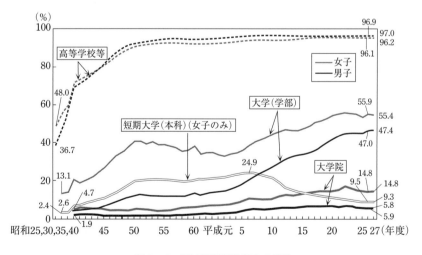

図2－7　学校種類別進学率の推移
出典：内閣府男女共同参画局：平成28年版「男女共同参画白書」（2016）

れらの家事や育児を代替する機器や外部資源を用いて，仕事と家庭の両立が可能となったとも考えられている。

　雇用者の共働き世帯が増加していくことにより，地域に暮らす大人たちは，職場と家の往復を中心とした日常生活を送らざるを得なくなり，自宅のある地域で過ごす時間の減少につながっている。また，働き方によってそれぞれの生活時間が異なるため，その多様な生活ニーズに対応したサービスが拡充されることとなり，地域住民の生活の様子が多様化している。このような状況は，同じような時間で地域の人々が交流し，顔を合わせ，言葉を交わす機会を減少させることになる。さらには子育ての場が家庭や地域社会ではなく保育施設へ移っていくことで，地域のなかで親子が過ごす姿を地域住民がみかける機会も減少していく。それに伴い子どもを共通項とした家族間の交流は生まれるが，一方で，それ以外の地域に住む隣人，現在子育て期にない異なる世代の隣人との接点が減少している。

（3）　私生活化と地域社会

　さらにもう一つ指摘できることは，私生活化ということである。高度経済成長期以降，私たちの生活は物質的に豊かになった。家族の消費生活の充実に価値を置くマイホーム主義的生活スタイルが生まれてきた。結果として，自分の生活，家族の生活を優先し，労働，仕事，社会的事象などの公的事象よりも，消費や余暇，家族などの私的事象が優先される私生活化が浸透することとなる。このような私生活化の浸透により，人々は家族以外，自分や家族の暮らす地域社会の出来事に対しても，個々の私生活に直接関係があると判断しなければ無関心になってしまう。

　雇用者の共働き世帯が増加するのに伴い，個人や家族の生活が多様化しているなか，人々の私生活化という私的領域の生活を優先させる生活スタイルは，地域に生活の拠点を置きながら，地域住民同士の関係性や接触機会を減少させている。このことは個人や家族の孤立を進行させる可能性をもつ。現代において家族や個人は，自分たちが地域社会といかにつながるかという選択の幅が増えている。たとえば，どこで暮らすかということについても，職場を中心として，住みたい地域，住みたい家を選び暮らすというように，自分の生活拠点を自分で決める機会も増えてきた。これは，個人の生活の多様化，ライフスタイルの多様化によるものでもある。一方で，自分の生まれ育った場所で，きょうだいの誰かが親と同居し，先祖代々の墓を守り，財産を守り，家を継承しなくてはならないという，伝統的な考え方が薄れてきている。親から子へと家を継承していかなければならないという価値観が共有されていた時代においては，家の継承と同時に，代々家族が暮らす地域社会との強固なつながりがあった。そこには親族や隣人とともに助け合う互助関係にあり，同時に個人や家族に対して求められる義務や規範も強く存在した。地域住民同士が共に助け合うためには，住民相互のことを知り，信頼関係がなければならないのであり，この信頼関係，人間関係を基盤として互いに見守り，助け合う関係性があったのである。それは同時に外部のものを受け入れない，閉鎖的で自由度の低い関係性であるともいえる。

　その意味からすれば，現代の家族や個人の生活は，地域社会の閉鎖性や，否応なしに課される義務から解放されるということである。しかし，それは地域社会から自由になることと同時に，地域住民との密接な関係も失うことであり，地域社会がもっているプラスの

機能，見守りや助け合いの機能も失うことになる。つまり，個人や家族が自ら積極的に地域社会に関っていかなければ，周りからの支援も得られないのである。

　個人や家族と地域社会の関係が希薄化している現代において，児童虐待など子どもを脅かす問題が発生している。問題が深刻化する前に，不安や悩みを抱えながら子どもと向き合っている家族の存在に気づく機会をもつのは，専門職よりも地域社会に共に暮らす隣人なのである。

　平成27年に閣議決定された少子化社会対策大綱では，その重要課題の一つに「地域の実情に即した取り組み強化」，施策の具体的内容として「地域の強みを活かした取り組み支援」が挙げられている。このなかで，子育て支援員の養成や，地域の高齢者による子育て支援を通じた世代間の交流促進が謳われているが，これらは，つながりが希薄化する地域社会において，新たな助け合いの形をつくっていくといえるだろう。

　子育ての問題は特別な状況にある家族だけが直面するものではない。また子育てという営みはその家族の家庭内のみで展開されるものでもない。子育て家庭が置かれる現状を踏まえ，この時期にある家族が地域社会から孤立せず，人々とのつながりをもちながら，住民全体で子育てを見守ることのできる環境づくりが求められる。

〈文　献〉

内閣府：平成28年版「少子化社会対策白書」(2016)

内閣府男女共同参画局：平成28年版「男女共同参画白書」(2016)

社会福祉法人恩賜財団母子愛育会日本子ども家庭総合研究所：「日本子ども資料年鑑」(2017)

森岡清志編：「地域の社会学」，有斐閣(2008)

住田正樹編：「子どもと地域社会」，学文社(2010)

(森下陽美)

━ SECTION 3 男女共同参画社会とワーク・ライフ・バランス

（1） 性別役割分業

　　生物の特徴は，暑いときには汗をかく，物とぶつかりそうになったら避ける，のように外界の状況に応じて反応し自分を守る「自己保持」と，姿や形がよく似た子孫を残し続けていく「種族維持」が挙げられてきた。自然環境の変化に耐え適応しながら確実に子孫を残す方策として配偶子を利用した生殖法が「有性生殖」である。

　　生物を構成する細胞中で，雄がつくり出す最も特異な形をしている精子と，雌に由来する球体という最も単純な形の卵子の2種類の配偶子の核に含まれる核物質を受精によって混ぜ合わせ，新しい遺伝子の組成を行うことから始まる生殖法である。

　　一般の高等動植物に広くみられるものであり，生物の生殖といえば，この雄・雌という性別（性的二型）を利用し，配偶子の融合による遺伝情報を基にした新たな生命をもった個体が誕生する場合が想定される。

　　この新たな生命は成長を遂げていくが，一定期間は自力だけでは生存が困難である。他者による子育てが必要である。それでは，この子育ては性別のどちらが行うのかということを考えてみたい。たとえば，脊椎動物でも魚類は，産卵期に放卵，放精をしてしまえば，後は成り行き任せで子育てはしない。両生類や爬虫類もごく一部に子育てをするものが知られているが基本的には生み放しである。鳥類になると，つがいで子どもの世話を始めるものがみられる。

　　一般に子育ては，雌が行い雄は基本的に無関係という固定観念があり，子育ては雌である母の「母性行動」とも受け取られている。しかし，哺乳類では，雄の方が雌よりも積極的に育児をする種が存在するなど子育ての仕方は多様である。また，母性行動は妊娠，出産，授乳に限られ，その他の行動は他の個体で代替が可能である。そこで，母性行動とよばず「養育行動」と置き換えても支障はないという指摘がある。

　　さて，われわれ人間を含めた霊長類は子孫を残す組合せとして，一夫一妻，一夫多妻，一妻多夫，多妻多夫の4つのパターンが考えられる。自然界を眺めた場合，一妻多夫の事例は知られていないので残りの3つのどれかになる。

　　これらのなかで，人間では最も一般的な一夫一妻制を考えてみる。ここでの妻は，子育てに勢力を費やすよりも，子孫を繁栄させるためには自身の遺伝子を残す出産に力を入れたほうが得である。すなわち，イギリスの動物行動学者ドーキンス（Richard Dawkins, 1941）が『利己的な遺伝子（The Selfish Gene）』（1991）と題する著作で論じた「子育ての負担を負うよりも，押しつけたほうがより多くの遺伝子が残せるようになるのであり，子育てはすべて相手に押しつけることを「望み」とするはずだ」という言説になるのである。これをどのように考えればよいだろうか。

　　外形や大きさ，生活空間は多種多様であるが，哺乳類には確実に共通していることが知られている。それは，生まれてきた子どもは必ず母乳を使って保育されることである。この授乳という哺乳類の母性行動には，それをつかさどる脳の構造や脳内物質で雄との相違が知られている。

32　● Chapter 2　家庭生活を取り巻く社会的状況

しかし，そもそも人間の場合，「母親がもつ子どもに対する先天的・本能的な愛情」という意味での「母性愛」は，近代社会の産物であるという考え方がある。

　中世ヨーロッパ社会では大人と明確に区別される「子ども期」というものはなく，死亡率の高い乳幼児期を超えると「大人」と一緒に扱われたという。

　それが，産業革命以降，物質的な生活の向上に伴い母親が育児に精を出すようになった。それとともに母性愛が生まれてきたわけである。フランスの思想家ルソー（Jean‐Jacques Rousseau，1844‐1910）の『エミール（Emile）』（1762）で展開した「母親が進んで子どもを自分で育てることになれば，自然の感情がすべての人の心によみがえってくる。国は人口が増えてくる。家庭生活の魅力は悪習に対する解毒剤である」の言説が支持を集めるようになった。そして，夫は稼いで家族を養い，妻は家事専業になって家を守る性別役割分業をする家族が，普遍的な家族モデルとみなされるようになったのであった。

　性別役割分業は，「分業」というように夫婦が家庭において役割分担をすることである。従来，日本では「夫は外で仕事，妻は家を守り家事，育児，買い物」という分業が一般的といわれた。もちろん，農村，漁村，あるいは自営業などは夫婦の協力がきわめて自然に行われることが一般的である。

　性別役割分業は，日本の社会の変容と関連づけられる。戦前までの日本には旧民法（1898）下の原則として男性が家を支配・統率する「家制度」があった。また，戦時中は男性が従軍して男性の労働力が不足している分，生産活動にも女性の労働力に期待がかけられ，実際に過酷な労働に従事した。それが，第二次世界大戦後に崩壊して，戦後復興とともに製造業での機械化・自動化，農業の近代化などが進んできたこととあいまって労働力として女性に期待をかける傾向がみられなくなってきた。そして，「所得倍増計画」（1960）にみられる所得の増加に伴って，女性を心身に負担がかかる労働から解放し，「専業主婦」を誕生させた。その結果，女性は結婚後，この専業主婦を選ぶことが顕著になった。こうして「男は外で働き，妻である女性が家庭を守る」という家庭での性別役割分業が確立できたのである。

　ところが，1980年代に入るといわゆる「脱工業化社会」が唱えられ，コンピューターの導入，頭脳労働化，工場へのロボットの導入，家庭でも高性能家電製品の普及，レトルト食品などの調理に手間がかからない商品の普及，外食産業の成長，クリーニング店の増加などから女性は家事労働から解放されるようになり，再度社会へと向かうようになった。女性の「社会進出」である。また，家族構成でも核家族化が進み，「親の面倒をみる」家族介護が減少したことも女性の社会進出の背景であった。

　1990（平成2）年に入ると経済の低成長化で，賃金上昇が期待できず，共働きが増加するようになった。このことが逆に，家庭おいて夫婦間での役割分担を考える機会にもなったのである。また，少子化に伴う労働力の減少は，女性の労働従事を期待させることになった。男女共同参画推進は，このような背景から生まれたのである。

　さて，21世紀に入り，20代の未婚男性の86％は，「将来は子どもと積極的に関わりたい」と思っている。妻の妊娠中の家事分担や育児休業の取得にも積極的である（『朝日新聞社2010年9月18日付』）。これは「男女の意識の隔たりがなくなりつつある」という。いわゆる「イクメン」の出現である。2007年春のことであり，NPO法人による養成講座やインターネット

● SECTION 3　男女共同参画社会とワーク・ライフ・バランス　　33

上の体験談発信や応援サイトが社会的にも話題になった。「イケメン」をもじり「育児を楽しめるカッコいい男」という意味である。

　イクメンの養成講座では，離乳食の作り方や絵本の読み聞かせ，産前産後の妻との接し方，育児関連法規なども扱われている。出産直後の一番大変な時期に育児に参加しないと，妻の愛情は夫から離れ二度と戻らないこともあるという。それが家庭内孤立や熟年離婚の原因にもなり得る（「読売新聞」2009年8月31日付）。

　一方，保育士の専門性と性別役割分業を考える好例が「男性保育士」の問題である。男性が保育士資格を得ることができるようになったのは1977（昭和52）年のことであった。それから今日では4半世紀を経ているのだが，実際の保育士の男女比は99％女性である。保育士の以前の呼び方の「保母」に対して，現在では死語とみなさせる「保父」という呼び方も一時的には使われた。1999（平成11）年の「男女雇用機会均等法」の制定に伴う児童福祉法施行令の改正により保育士の呼称が定着していく。男性が保育士になることは「女性の聖域に果敢に挑んでいった挑戦者」なのだが，「男のくせに」とか「気持ちわるい」などの声さえあり，それにめげずに奮闘したという。

　このことは，子育てに果たして専門性が必要なのかどうか，保育は女性が行ってこそ有意義なものなのだろうか，などという問題を提起する。保育士と性的属性が関係するかどうかは，見事に正反対の2つの言説がある。一つは「保育士は，子どもを産み母親になる女性であるからこそ意義がある」というものと，もう一つは「保育士とは専門職であり，性的属性と関係ない。したがって，保育士が女性であることはあまり意味がない」というものである。

　保育士による家庭支援を考える場合，そもそも保育士という自らの職種の位置づけが明確でないと良好なサービスを提供しようにもしにくいであろう。1977（昭和52）年の児童福祉法の改正時でも，当時の保母は働く女性に代わって一定時間子どもの世話をすればよいとか，母親代わりの「慈善的行為」を行うのが仕事と捉えられていた。そこには，育児は女性の仕事という考えがうかがえる。

　さて，保育士が専門職であり，男女どちらが担っても問題はないという考えは，論理的にいえば，保育士が女性でなければならないという言説を否定するものである。一方，女性こそ保育士に相応しいという考えは，妊娠，出産，育児の一連の過程を経験した女性が，出産後に保育を行うことこそ望ましいというものである。この意見は，それでは妊娠・出産経験がない保育士やほぼすべてがこれに該当する学生の保育実習と専門性の確保をどのように考えればよいか，という問題を提起する。ひいては，男性の子育て，育児分業を阻害する要因になってしまうことも考えられている。

　結局，良質なサービスを提供する専門職化を推し進めていくためには，すなわち，専門性を高めていくために必要なことは，保育士ばかりでなく，先行して是正されていった看護師や航空機の客室乗務員などのように職業上の性の偏りをなくし，その職種の社会的評価やその職についている人たちの社会的地位の向上を目指すことである。実際，保育士は1999（平成11）年まで保母とよばれていた時代からみれば，21世紀に入った初年の2001（平成13）年から保育士が任用資格から国家資格への格上げになったことに伴い，高学歴化が顕著になった。複数年かけての試験合格のみで資格を得ることができるのにも関わら

ず，専門学校，短期大学，そして，21世紀にはいると4年生大学で必要科目を履修しながら取得するのが望ましいという考えが一般化していることと呼応する。

　こうした状況と関連してもう一つ，リプロダクティブ・ヘルス／ライツ（Reprodutive helth/rights）の考えである。「性と生殖に関する健康・権利」と訳される。1994（平成6）年9月にエジプトのカイロで開催された「国際人口・開発会議」での成果を基に論じられ始め，日本では1990年代後半から言及されるようになってきた。

　その背景は，1979（昭和54）年の国際連合の総会において採択された「女性差別撤退条約」第16条の内容である女性が産むか産まないか，何人の子どもを産むか，産む間隔をどうするかなどを決定する問題や1984（昭和59）年の「第4回女性と健康国際会議」におけるスローガン「人口管理にノー！決めるのは女性（Population Control No! Women Decide）」などの影響である。

　さて，国際人口・開発会議は，1954年にローマにおいて第1回大会が開かれ，10年ごとにベオグラード，ブカレスト，メキシコシティと回り，上述のカイロでの大会は第5回目であった。女性の生物学的性のもつ意味や生殖領域における意思決定能力の向上などが謳われた。さらに，リプロダクティブ・ヘルス／ライツの用語を国際的に定義した会合として特筆されている。

　リプロダクティブ・ヘルス／ライツ問題は，「性と生殖において女性の心身の健康を守り，女性の自己決定を尊重する立場」とか，「女性解放や男女平等をめぐる思想や運動」と捉えられているフェミニズム運動と関係している。その第一波は19世紀から20世紀初頭にかけて欧米で展開された女性にも男性と同じ権利を付与すべきであるとした女性参政権を求める運動。第二波は，男女の差異，産む性としての女性という違いを認め実質的な平等を求めたものなどと整理されている。

　こうしたフェミニズム運動は欧米に特有なものではなく，わが国においても独自の展開を遂げたものであった。そこでは，近代以降の歴史的経緯に沿って「明治維新以降の女の平等，解放，地位改善等をめざす言説」とも定義される。明治期以降，母性に関する政府の最初の政策として1869（明治2）年に刑法の「堕胎ノ罪」（第29章）が制定された。堕胎（中絶）を行った場合の処罰を定めたもので「懐淫ノ婦女薬物ヲ用ヒ又ハ其他ノ方法ヲ以テ堕胎シタルトキハ一年以下ノ懲役ニ処ス」と述べられている。

　この刑法としての条文を残したまま1948（昭和23）年には「優生保護法」が制定された。しかし，その直後から第一条の「優生上の見地から不良な子孫の出生を防止する」の「不良な子孫」を始め，当事者や関係者に配慮を欠いた文言が多く，改訂を求める声が挙がった。さらに，別の立場からは経済的に妊娠の維持や出産，子育てが厳しい場合が相当する「経済的な理由」により人工妊娠中絶を可能にしている同法第14条を削除する要望がみられた。胎児条項とよばれる「胎児が重度の精神又は身体の障害の原因となる疾病又は欠陥を有している虞れが著しいと認められるもの」という文言を追加することなどに対する反対行動は，フェミニズム運動の典型例あり，時代の象徴の一つでもあった。

　ところで，そもそも，妊娠・出産の担い手は誰なのかをめぐっての論争などもみられる。上述の刑法の堕胎罪は1985（昭和60）年に日本も批准した「女性差別撤廃条約」第2条G項や1995（平成7）年北京で開催されたリプロダクティブ・ヘルス／ライツ問題を柱とする「第

4回世界女性会議」での「行動綱領」第106条K項の「妊娠中絶を受けた女性に対する懲罰措置」の内容を含んでいると解されている。

　歴史的にみると，歌人の与謝野晶子(1878 – 1942)は，経済的に自立したものだけが母親になる資格をもつ，逆にいえば財力のない女性が子どもを産んで国家に頼るのは依頼主義になると主張した。これに対し，平塚らいてふ(1886 – 1971)は，国家による母性保護を唱えたのである。両者の論点は，国家による母性管理の是非を問うものと捉えられた。具体的には，国家が母子家庭に金銭的支援という形で保護すべきか否かの問題である。

　そこで，山川菊栄(1890 – 1980)は，母性にとって国家はどうあるべきか，どう変えられるかと調停的に問題を捉え直した。しかし，母性は国家に奉仕する心情となり，第二次世界大戦中，女性運動家の多くが1940 (昭和15)年に結成された「大政翼賛会」に取り込まれるようになってしまったのである。

　ところで，男・女の性別に分けることが社会的に重要になるのは，明治期以降のことであり，それ以前は「身分制度」による地位を明確に区分するほうが為政者には重要であった。それが，明治期から大正期にかけて女性の地位向上をめざす気運が高まり，ここから「女も国家に貢献すべき」という考えが生まれた。そして，その延長上に「国家に役立つ良妻賢母」の言説が誕生し，同時に堕胎は禁止された。富国強兵，人口増加をめざしていたからである。

　今日においては，子どもが欲しいという挙児願望に対して，それを実現する不妊治療を受けることは，生殖医療技術というテクノロジーが「産むこと」の強制力として作用しているようにみえる。

(2) ワーク・ライフ・バランス

　さて，「男は外で働き，妻である女性が家庭を守る」という家庭での固定した性別役割分業は，1970年代半ばを過ぎると崩壊を始める。女性の自立という観点からみても就労は重要であるという考えはもとより，家庭に収まるよりも社会に進出することこそ自己実現や能力発揮ができる機会が得られるという考えがある一方，子どもの出産数が減少した分，子どもに「お受験」に代表される教育投資や稽古事などの費用がかかるようになったため，夫の収入のみではそれを維持することが困難になってきたのである。また，経済状況から夫が勤務先から急に解雇されてしまうかもしれない。女性が働くことによって得られる自己実現や社会的認知よりも，生活を安定させるためにも働くのは，きわめて当然というわけである。生活のため，種々のローン，教育費，旅行費用などを考えると働かざるを得ないのが実態である。

　実際，21世紀に入ってからの2010 (平成22)年以降の就業者総数は，ほぼ横ばいで約6,500万人，その内女性は約40%であるが，過半数の女性労働者が共働きである。子どもがいる，あるいは子どもが欲しいと思っている場合，女性が働くことによる仕事と育児，家事，介護などとの両立はどのようにすれば可能か，という問題がでてくる。まさに，仕事(ワーク)と生活(ライフ)のバランス(調和)が求められることになる。それは，従来の結婚までは就業し，子育てが終わればまた職場に復帰するというパターンや，3歳までの母親と子どもの愛着形成がきわめて重要という考え方をいかに乗り越えるかという課題で

もあった。

　実際，1990（平成2）年ころまでは，企業が従業員の私生活に配慮しサポートすることなど考えにくかったという。ところが，先行的にこうしたことを行っていた企業のほうが，従業員の企業に対する帰属意識や就業意欲が高く，また，「燃えつき症候群（バーンアウト）」も少なかったという調査結果がある。さらに，核家族化が進行する以前では，同居していた親族，具体的には夫婦の親が孫の育児を担当することは，きわめて一般的であったが，こうした3世代が同居する家庭が減少するに連れて，それが困難になってきた現実も指摘されている。こうしたことが，「ワーク・ライフ・バランス」の背景になり，よび水ともなった。

　さて，このワーク・ライフ・バランスに関する定義は，いくつか提出されている。2006（平成18）年10月厚生労働省：男性が育児参加できるワーク・ライフ・バランス推進協議会の「男性も育児参加できるワーク・ライフ・バランス企業へ－これからの時代の企業経営－」では「働く人が仕事上の責任を果たそうとすると，仕事以外の生活でやりたいことや，やらねばならないことに取り組めなくなるのではなく，両者を実現できる状態のこと」である。2016（平成28）年でも内閣府では，複数の定義の一つとしてこの説明を掲げている。

　2007（平成19）年4月の経済財政諮問会議労働市場改革専門調査会の労働市場改革専門調査会第一次報告では多様な働き方を用意することで，「仕事と生活との調和を図ることができるようになる。男性も育児・介護・家事や地域活動，さらには自己啓発のための時間を確保できるようになり，女性については，仕事と結婚・出産・育児との両立が可能になる」としている。

　そして，同年，7月の男女共同参画会議：仕事と生活の調和（ワーク・ライフ・バランス）に関する専門調査会の「ワーク・ライフ・バランス」推進の基本的方向報告では，「老若男女誰もが，仕事，家庭生活，地域生活，個人の自己啓発など，さまざまな活動について，自ら希望するバランスで展開できる状態である」。このようにワーク・ライフ・バランスは，ほぼ直訳の「仕事と生活の調和」ということになる。それを反映して「仕事と生活の調和（ワーク・ライフ・バランス）憲章」や「仕事と生活の調和推進のための行動指針」が策定された。

　これを実現するためには，男女共同参画推進が必要であるし，また，男女共同参画推進の具体的な策定があって「仕事と生活の調和」が可能になるのである。そのための方策として，職場における男女共同参画を推進し，働きやすい職場環境づくりが求められる。さらには，セクシャル・ハラスメントなどの防止策や女性の就業支援なども含まれる。

　次に，家庭支援論におけるワーク・ライフ・バランスの問題を考えてみる。子育て期の年齢に当たる30代半ばの女性で実際に就労しているのは，約60％といわれる。それでは，残りの人たちはどうかというと彼女らも就業意欲が高い人が多く，自分にあった職場があれば80％程度は働くことが見込まれるという。育児・家事ができなくなるので仕事をやめてしまうことも，仕事を継続したので出産，育児を控えるという考えに対応するポイントになるのも，ワーク・ライフ・バランスである。

　元来，保育士は親の就業などによって「保育に欠ける子ども」に対して養育を行う専門職

● SECTION 3　男女共同参画社会とワーク・ライフ・バランス　　37

である。そして，ワーク・ライフ・バランスを実行する機関が保育所ともいえる。さらに，21世紀入ると，保育所のソーシャルワーク機能も期待されている。たとえば，既婚ということであれば，専業主婦と働く既婚者とではどちらが育児に不安があるだろうか，時間的に子どもと接することが短い，働く既婚者のようなイメージがあるかもしれないが，実際には専業主婦が高いというデータもみられる。こうした共働き如何に関わらず，育児不安や子育ての孤立化を回避するための相談や支援策の提供や情報提供，補助金や行政が行う事業の紹介などが保育所に求められている。

健康で経済的にも安定し，心身ともに豊かな生活を送ることができるようになるサービスの提供が家庭支援の中核と捉えられる。そのためには，週当たりの労働時間の短縮や年次有給休暇取得率の向上の実現が必要である。大学等の高等教育機関でもこうした制度が設けられるようになってきている。ある大学では，出産・育児サポートとして，産前産後休暇，育児看護休暇，育児休業，育児短時間勤務，労働時間短縮，時間外労働・深夜労働免除などの制度を挙げている。また，「仕事と生活の調和推進のための行動指針」では，男性の育児休業取得率を2020（平成32）年までに13％，6歳未満児のいる家庭での男性の育児・家事時間を一日当たり2時間半にすることを目標に掲げている。

一方，1990年代以降の離婚件数の増加に伴い「父子家庭」の増加も顕著である。「児童扶養手当は本当にありがたい」，ピアノや英会話習いたいという娘には「何とか一つくらいはやらせてあげたい」とは，母子家庭でなく父子家庭の事例である。「増えるひとり親家庭　パパにも支え必要」と題する新聞記事（「朝日新聞」2010年9月23日付）では，父子家庭の実態を伝えている。離婚し一人娘を引き取った男性は，家事を同居していた母に行ってもたっていたが，その母も亡くなってしまった。離婚によるストレス，母を亡くしたショック，仕事も家事も抱えるつらさで，「うつ病」になったという。

父子家庭は母子家庭よりも平均所得が多いイメージがあるが，そうでない場合も少なくなく，2006年度の調査では父子家庭の40％は年収が300万円以下であるという。さらに，辛いのが子どもの病気で仕事の早退を申し出ると女性であれば「お大事に」と気遣う言葉があるのに，父子家庭では「『はぁ？』とか『理解ある職場に移ってください』という反応であったという。こうした父子家庭に対する支援は，保育所の重要な課題として対応が検討されている。2014（平成26）年3月に厚生労働省雇用均等・児童家庭局家庭福祉課が公表した「ひとり親家庭の支援について」では，就業が不安定な父子家庭の父への支援の必要性を唱えるが具体的なその年収は述べられていない。

最後にワーク・ライフ・バランスの具体例を挙げておきたい。まずは働きやすい環境の整備（図2-8）であり，その実例が，「フレックスタイム制度」である。たとえば，

図2-8　ワーク・ライフ・バランスの報告書
出典：厚生労働省：「仕事と生活の調和レポート2010」(2010)

11時から3時までのように全員が揃う特定の時間帯（コアタイム）以外の出退勤時間は自由にする。21世紀初頭段階でアメリカの企業の約70％がこの制度を導入しているという。また，このフレックス制をさらに柔軟にしたのが「裁量労働制度」である。就労時間の短縮，ジョブシェアリング，テレワークなどがある。また，家庭のためのサポートとしては，保育，介護，養子縁組，転勤サポートなどが行われている。

（3）　男女共同参画の考え方

まず，「男女共同参画社会」のイメージからみていこう（図2－9）。基本的な考えとして

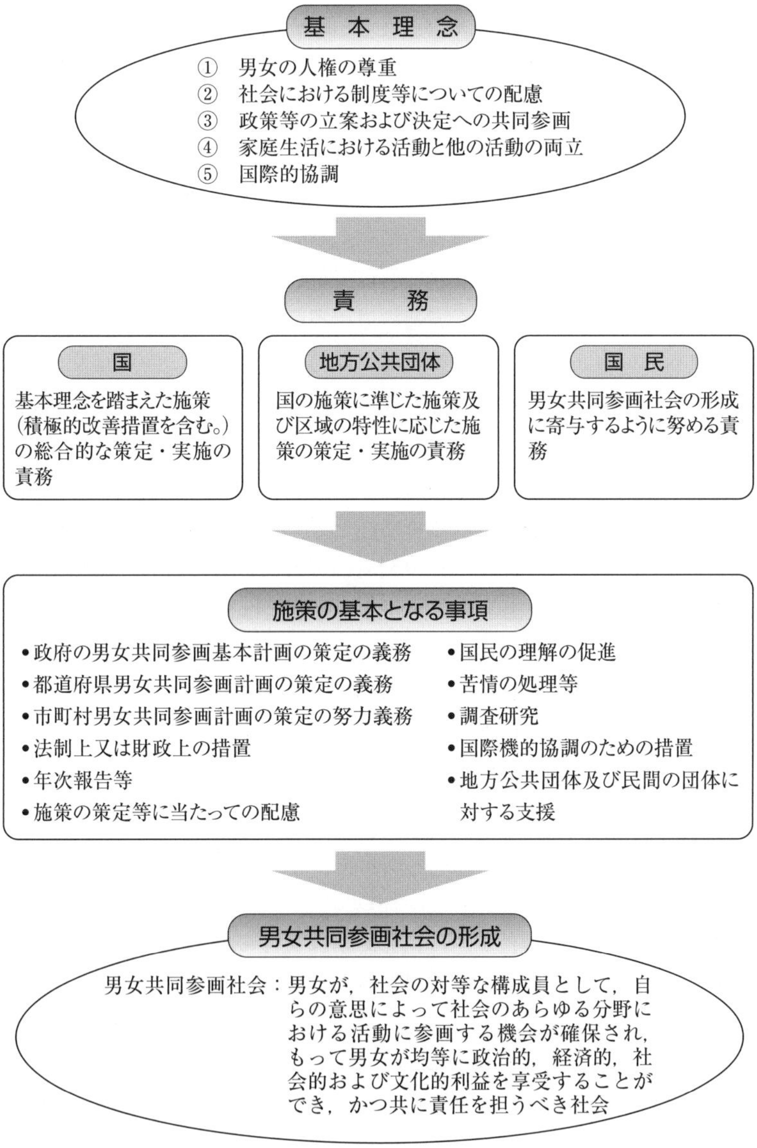

基本理念
① 男女の人権の尊重
② 社会における制度等についての配慮
③ 政策等の立案および決定への共同参画
④ 家庭生活における活動と他の活動の両立
⑤ 国際的協調

責務

国	地方公共団体	国　民
基本理念を踏まえた施策（積極的改善措置を含む。）の総合的な策定・実施の責務	国の施策に準じた施策及び区域の特性に応じた施策の策定・実施の責務	男女共同参画社会の形成に寄与するように努める責務

施策の基本となる事項
・政府の男女共同参画基本計画の策定の義務
・都道府県男女共同参画計画の策定の義務
・市町村男女共同参画計画の策定の努力義務
・法制上又は財政上の措置
・年次報告等
・施策の策定等に当たっての配慮
・国民の理解の促進
・苦情の処理等
・調査研究
・国際機的協調のための措置
・地方公共団体及び民間の団体に対する支援

男女共同参画社会の形成
男女共同参画社会：男女が，社会の対等な構成員として，自らの意思によって社会のあらゆる分野における活動に参画する機会が確保され，もって男女が均等に政治的，経済的，社会的および文化的利益を享受することができ，かつ共に責任を担うべき社会

図2－9　男女共同参画社会の概要

出典：「わかりやすい男女共同参画社会基本法」，（2001）

は，これからの社会を考えた場合，「男女が社会の対等な構成員として，自らの意思によって社会のあらゆる分野における活動に参画する機会が確保される」ことである。そして，それにより「男女が均等に政治的，経済的，社会的，および文化的利益を享受することができ，かつ，共に責任をになうべき社会」という。辞書的には，「参画」とは計画に加わること，「参加」は一員として加わり，行動をともにすることと記されている。計画段階からなすべきことを考えていくことが求められている。

　具体的には，「職場に活気」「家庭生活の充実」「地域力の向上」の3本柱が立てられているが，家庭支援論と関連するのは2番目の家庭生活の充実である。これを検討する前に，まず，残りの2つについて述べておこう。職場に活気とは，従来，圧倒的に男性が多いといった男女の性比のバランスがとれていない職場に女性が進出することは，多様な人材が活躍する場を提供することにつながり，経済の活性化や創造性の増加，ひいては生産性の向上にもつながるというものである。

　職場への要求としては，男女とも自身にとって働きやすい環境が確保されて，その個人の最大の能力を発揮ができると考える。従来，男性の職場と考えられていたところへの女性の進出，逆に女性が独占していたところへの男性の進出も話題になるところである。

　たとえば，欧米の軍事組織や戦闘行動に女性が将兵として関与したり，交通機関ではバスやタクシーはいうまでもなく高速鉄道の運転手，航空機の女性パイロットや船長も珍しくなくなっている。逆に，女性の職場への男性の進出は，性別役割分業で触れた男性保育士の例や，もはや珍しくなくなった男性看護師からデパートの化粧品売り場で男性が対面販売を行っている例などが思いつく。

　また，地域力の向上では，男女が共に地域活動やボランティアに関わることによって地域コミュニティーが強化される可能性を考えている。それが，地域の活性化や暮らしの改善，子どもたちが伸び伸びと育つ環境の実現に近づくというのである。

　さて，家庭生活の充実と男女共同参画社会とは，どのように関係するのだろうか。まず，家族のパートナーシップの強化が謳われている。そのためには，家族を構成する個人が互いに尊重し合い協力し合うことが求められる。そして，男女が共に子育てや教育に参加できるようになるとしている。

　次に，「男女共同参画社会基本法」の概要をみていきたい。

　これは1999（平成11）年6月23日に公布・施行された。翌年2月に当時の総理府が実施した「男女共同参画社会に関する世論調査」では，社会における男女の地位の平等感について，男性のほうが優遇されているとしたのは，男性で約71%，女性で約81%であった。国際比較をしてみると，わが国は世界的には女性の能力を十分に発揮できる社会的システムが乏しいという評価をせざるを得ないという。

　こうした背景で男女共同参画社会基本法は，5本の柱を立てている。「男女の人権の尊重」，「社会における制度又は慣行についての配慮」，「政策等の立案及び決定への共同参画」，「家庭生活における活動と他の活動の両立」，「国際的な協調」である。これらの内で，家庭支援論と密接につながるのが，家庭生活における活動と他の活動の両立であるが，その前に他の4つからみていこう。それぞれ，この法の条文と対応している。

　男女の人権の尊重は，第3条にみられる。「男女の人権」と記すことで，性別による人権

上の差別を回避すること，またセクシャル・ハラスメントのような性別に関する不快，不利益な事態を防止することである。ここから性別に関わらず個人の能力を最大限発揮できることを目指す。

　制度または慣行についての配慮は第4条である。ちょうど「国際婦人年」の1975（昭和50）年，ある食品会社のインスタントラーメンのTVコマーシャルで，「私作る人，僕食べる人」というフレーズが社会的に問題となった。料理は女性がつくるものという伝統的，典型的な固定的な性別による役割分担を増長する顕著なものというものであった。女性団体が食品会社を訪れ，放映の中止を求め，会社もそれに応じたのであった。「私作る人，僕食べる人」などという言説は，男女共同参画社会の形成には阻害となる。こうした考えの打破がまず，求められたのである。

　第5条には，政策などの立案および決定への共同参画が述べられている。「参画」という語が使われているのは，立案段階から積極的に性別関係なく関わっていこうとしていることである。国際的な協調は第7章で扱われているが，これは男女共同参画社会が単にわが国のみで行うものでなく，国際的な連携・協力の下で実施することを表明したものである。

　さて，第6条の家庭生活における活動と他の活動の両立，家庭支援論と密接に関わる箇所である。とはいえ，ここでは両立の仕方を規定しているわけではない。個別の事情に応じて行って構わないということで，男女共同参画といっても女性が必ず働くことを期待しているのではなく，専業主婦という選択も本人の考えであれば問題ないとされている。

　この男女共同参画社会基本法10条では，国民の責務として「職域，学校，地域，家庭その他の社会のあらゆる分野」で「男女共同参画社会」の形成に寄与することを求めている。職域や学校でのセクシャル・ハラスメントの防止や家庭での家族を構成する男女の協力などが想定されているのである。

　さらに，2017（平成29）年には内閣府の仕事と生活の調和推進室から「主に男性の家事・育児などへの参画に向けた仕事と生活の調和推進のための社内制度・マネジメントのあり方に関する調査研究」と題する調査報告書が公表されるまでになっている。

〈文　献〉

赤松良子監修・国際女性の地位協会編：「リプロダクティブ・ヘルス／ライツ」，「女性の権利　ハンドブック　女性差別撤廃条約」所収，岩波書店（1999）

糸魚川直祐：「エソロジーから見た人の母性・父性　ヒューマンサイエンス」12巻1号（1999）

久保桂子：「母性愛と母性行動をめぐる議論の検討」，戸板女子短期大学研究年報44号（2002）

内閣府男女共同参画局監修：「わかりやすい男女共同参画社会基本法」，有斐閣（2001）

鹿嶋敬：「男女共同参画の時代」，岩波書店（2003）

小崎恭弘：「男性保育士物語　みんなで子育てをたのしめる社会をめざして」，ミネルヴァ書房（2005）

パク・ジョアン・スックチャ：「会社人間が会社をつぶす　ワーク・ライフ・バランスの提案」，朝日新聞社（2002）

中田奈月：「女性保育士における専門性と女性性－主観的キャリアの分析から－」，奈良女子大学社会学論集13号（2006）

（溝口　元）

CHAPTER 3 子育て家庭の支援体制

SECTION 1　子育て支援サービスの概要

(1)　子育て支援サービスの社会的ニーズ

　　現代日本における社会的問題として「少子化」「子育て家庭の孤立化」「子ども家庭の貧困化」という3つのキーワードが挙げられ，子どもが育てにくくなっている。

　　社会的問題の一つ目「少子化」は，2014（平成26）年の出生数が100.3万人で戦後最低となったことで深刻な問題となっている。図3－1のように，合計特殊出生率（一人の女性が一生に産む子どもの平均数）は，2006（平成18）年から少しずつ上向いてきたが，出生率（一定期間の出生数の，人口に対する割合）が下がっているため，人口の低下がみられている。

　　「少子化」の経済，生活への影響として，人口の減少，人口に占める高齢者の割合が高まり，労働力人口の減少をもたらす。また，少子化社会の子どもへの影響として子どもの数が減少することにより，子ども同士の交流の機会の減少，過保護化などにより，子どもの社会性が育まれにくくなるなど，子ども自身の健やかな成長への影響が考えられる。

　　「少子化」社会では，身近に自分と同じ子育て中の親がいることが少ない。1970年代ぐらいまでは，路地裏で子どもの遊ぶ姿がみられた。子育て中の家庭のモデルが身近にあった。

　　子育ては「見よう見まね」が大事である。人間は，さまざまなものを見ることで無意識に取捨選択をしている。子育てのモデルが多くあると，そのなかで自分の子育てを形づくっていくことができる。しかし，現代社会では，身近に子育てのモデルがなく，わが子に適した子育ての選択がきわめて困難である。

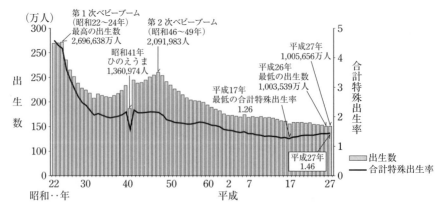

図3－1　出生数および合計特殊出生率の年次推移
出典：厚生労働省：「人口動態統計」

昔は，隣近所で「子育てに夢中で生きている」女性の姿がみられた。近所の子どもが連なって遊ぶ姿もあり，子育て中の相当の期間は，女性が子育てに専念する姿が当たり前のこととして誰の目にも見えていた。

　社会問題の1つ目は，現代社会では，わざわざ出向かないと子育て中の親たちと出会うことができないことである。「子どもの育ちの姿」が見えにくくなっている。「少子化」は，「子育て家庭の孤立化」をもたらした大きな要因の1つなのである。「マンションの部屋に子どもと2人きりで過ごす毎日が寂しい…。子どもは好きなはずなのに，私っておかしいの？」「子どもと2人で夫を待つだけの生活…私の存在って何なの？」等々，母親の心の叫びが聞こえてくる。

　社会的問題の2つ目は「子育て家庭の孤立化」である。図3-2で示すように孤立感のなかで子育てしているという意識の母親が約半数いることに着目したい。「社会から隔離され自分が孤立しているように感じる」の「非常にそう思う」「まあそう思う」を合わせると48.8％約半数，2人に1人が孤立感を感じながら子育てしている実態がある。しかも，「社会全体が妊娠や子育てに無関心・冷たい」と感じている母親が，44.2％にも及んでいる。

　その要因の一つが，図3-3で示されているように男性の家事育児参加の少ないことが

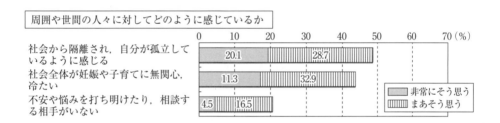

図3-2　子育て中の母親の意識

〔注〕妊娠中または3歳未満の子どもを育てている母親に聞いたもの
出典：財団法人こども未来財団「子育て中の母親の外出時等に関するアンケート調査結果」(2004)

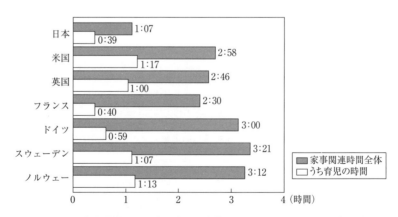

図3-3　6歳未満児のいる夫の家事・育児関連時間（1日当たり，国際比較）

〔注〕日本の数値は「夫婦と子どもの世帯」に限定した夫の時間である。
出典：Eurostat "How Europeans Spend Their Time Everyday Life Woman and Men" (2004),
　　　Bureau of Labor Statistica of the U.S. "America Time-Use Survey Summary" (2013)および
　　　総務省「社会生活基本調査」（平成23年）より作成

●SECTION 1　子育て支援サービスの概要　43

挙げられる。6歳未満児のいる夫の家事・育児関連時間の国際比較では，日本の家事関連時間は，約1時間，育児時間は39分ときわめて低い。これが母親の孤立化と負担感増大に拍車をかけているといえよう。

　それらの要因により，母親の意識のなかで子育てが負担になり「育児不安」を生じるケースが増えてきた。育児不安を解消するために「子育て支援サービス」が必要になってくるのである。

　そこで，2015（平成27）年4月から子ども・子育て支援新制度がスタートした。

　子ども子育て支援新制度では，地域におけるさまざまな子育て支援のニーズに応えることができるよう，次の13事業を「地域子ども・子育て支援事業」の対象として，サービスの拡充を図り，在宅で保育する家庭を含むすべての家庭がニーズに合ったサービスを選択できる仕組みづくりとした（表3－1）。また，ここで着目したいのは，子育て支援員制度の創設である。小規模保育など地域のニーズに応じた幅広い子育て支援分野において，育児経験豊かな主婦等が活躍できるよう，必要な研修を受講した場合に「子育て支援員」が県知事認定資格として認定する仕組みを，子ども・子育て支援新制度の施行に併せて創設する。その際，「子育て支援員」が，保育士，家庭的保育者，放課後児童支援員を目指しやすくす

表3－1　地域子ども・子育て支援事業（13事業）

対象事業	概　要
① 利用者支援事業	【新規】 ・子ども又はその保護者の身近な場所で，教育・保育施設や地域の子育て支援事業等の情報提供及び必要に応じ相談・助言等を行うとともに，関係機関との連絡調整等を実施する事業
② 地域子育て支援拠点事業	・乳幼児及びその保護者が相互の交流を行う場所を開設し，子育てについての相談，情報の提供，助言その他の援助を行う事業
③ 妊婦健康診査	・妊婦の健康の保持及び増進を図るため，妊婦に対する健康診査として，①健康状態の把握，②検査計測，③保健指導を実施するとともに，妊娠期間中の適時に必要に応じた医学的検査を実施する事業
④ 乳児家庭全戸訪問事業	・生後4か月までの乳児のいる全ての家庭を訪問し，子育て支援に関する情報提供や養育環境等の把握を行う事業
⑤ 養育支援訪問事業・子どもを守る地域ネットワーク機能強化事業（その他要保護児童等の支援に資する事業）	・養育支援が特に必要な家庭に対して，その居宅を訪問し，養育に関する指導・助言等を行うことにより，当該家庭の適切な養育の実施を確保する事業 ・子どもを守る地域ネットワーク機能強化事業（その他要保護児童等の支援に資する事業） ・要保護児童対策協議会（子どもを守る地域ネットワーク）の機能強化を図るため，調整機関職員やネットワーク構成員（関係機関）の専門性強化と，ネットワーク機関間の連携強化を図る取組みを実施する事業
⑥ 子育て短期支援事業	・保護者の疾病等の理由により家庭において養育を受けることが一時的に困難となった児童について，児童養護施設等に入所させ，必要な保護を行う事業 ・短期入所生活援助事業・ショートステイ事業及び夜間養護等事業（トワイライトステイ事業）
⑦ ファミリー・サポート・センター事業（子育て援助活動支援事業）	・乳幼児や小学生等の児童を有する子育て中の保護者を会員として，児童の預かり等の援助を受けることを希望する者と当該援助を行うことを希望する者との相互援助活動に関する連絡，調整を行う事業
⑧ 一時預かり事業	・家庭において保育を受けることが一時的に困難となった乳幼児について，主として昼間において，認定こども園，幼稚園，保育所，地域子育て支援拠点その他の場所において，一時的に預かり，必要な保護を行う事業
⑨ 延長保育事業	・保育認定を受けた子どもについて，通常の利用日及び利用時間以外の日及び時間において，認定こども園，保育所等において保育を実施する事業

⑩ 病児保育事業	・病児について，病院・保育所等に付設された専用スペース等において，看護師等が一時的に保育等する事業
⑪ 放課後児童クラブ（放課後児童健全育成事業）	・保護者が労働等により昼間家庭にいない小学校に就学している児童に対し，授業の終了後に小学校の余裕教室，児童館等を利用して適切な遊び及び生活の場を与えて，その健全な育成を図る事業
⑫ 実費徴収に係る補足給付を行う事業	【新規】 ・保護者の世帯所得の状況等を勘案して，特定教育・保育施設等に対して保護者が支払うべき日用品，文房具その他の教育・保育に必要な物品の購入に要する費用又は行事への参加に要する費用等を助成する事業
⑬ 多様な主体が本制度に参入することを促進するための事業	【新規】 ・特定教育・保育施設等への民間事業者の参入の促進に関する調査研究その他多様な事業者の能力を活用した特定教育・保育施設等の設置又は運営を促進するための事業

出典：内閣府：子ども子育て支援新制度資料

る仕組みづくりとしたのである。

　さて，現代社会の諸問題の3つ目は，「子ども家庭の貧困化」である。厚生労働省調査では，図3－4で示すように2015（平成27）年，子どもの貧困率は，13.9％と12年ぶりに改善した。しかし，依然としてひとり親世帯では，貧困率が50.8％と半数を超え，2人に1人の子どもが貧困状態にある。これは，先進国のなかでは最悪の水準といえる。加えて，一般労働者の賃金が低い「非正規労働者」やブラック企業就労者が増え，働く親の所得が減っていることも子どもの貧困率を押し上げているのである。

　そして，「子どもの貧困」は，子ども自身の経済的困難によって①不十分な衣食住，②適切なケアの欠如（虐待・ネグレクト），③文化的資源の不足，④低学力・低学歴，⑤低い自己評価，⑥不安感・不信感，⑦「孤立・排除」などの「不利の累積，ライフチャンスの制約，貧困の世代間連鎖（子どもの貧困→若者の貧困→大人の貧困→次世代の子どもの貧困）」をもたらす(2007「子どもの貧困白書」p.11)。

　さらに，「子ども家庭の貧困化」は，子ども虐待の大きな要因にもなっている。経済的要因と虐待との関連について，アメリカでは以前より広く認知されていた。1970年代から始

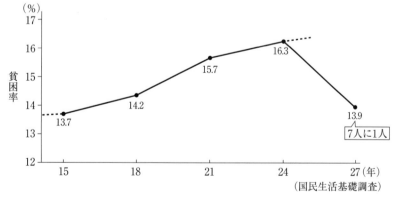

図3－4　子どもの貧困率

〔注〕　貧困率とは，世帯収入から国民一人ひとりの所得を試算して順番に並べたとき，真ん中の人の所得の半分（貧困線）に届かない人の割合。子どもの貧困率は，18歳未満でこの貧困線を下回る人の割合
出典：厚生労働省：国民生活基礎調査

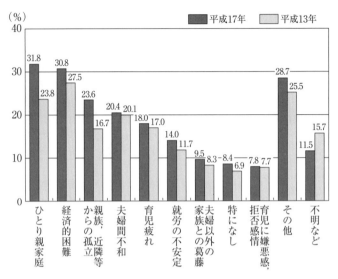

図3−5　虐待が行われた家庭の状況（複数回答）
出典：東京都福祉保健局「児童虐待の実態Ⅱ」（平成17年）

まった米国保健福祉省の4回の全国調査では児童虐待と貧困は強い関連性が指摘されている。第3回調査1995（平成7）年では平均所得以下の家庭の子どもたちは，平均以上のそれと比較して，性的虐待を受ける危険性が18倍あり，ネグレクトに関しては，45倍の危険性があることが明らかにされた。

　日本においても，同様の事例が数多く指摘されている。東京都福祉局の2003（平成15）年度調査報告では，児童虐待と認識された家庭の内，ひとり親家庭が31.8％，経済的困難を抱える家庭が30.8％を占めた（中嶋裕子「子どもをめぐる貧困と虐待」2014）。

　そこで，2013年「子どもの貧困対策の推進に関する法律（法律第64号）」が立法化されたのである。この法律の目的は「子どもの将来がその生まれ育った環境によって左右されることのないよう，貧困の状況にある子どもが健やかに育成される環境を整備する」としている。その一環として行われているNPO法人・個人店などの「子ども食堂」も注目されている。

　ひとり親などは，子育てに関する支援へのニーズが多くある。そこで，さまざまな子育て支援サービスが有料化するなかで，「公共施設等使用料（児童館・子育て支援センター）の無償化の促進」が，これからの課題といえよう。加えて，保育所の待機児童問題も欠かせない。母親の就労の増加に伴う保育ニーズは，都市部における幼稚園の入園の減少，保育所の入所者希望の増加に現れている。また，新制度では，国が示した「保育所の優先利用」に新たに特別な「家庭支援の必要な子ども」4項目，①ひとり親家庭，②生活保護世帯，③虐待やDVのおそれがある場合など，社会的養護が必要な場合，④子どもが障害を有する場合が付加された。また，2008年保育所保育指針が改訂され，保護者支援が保育所の重要な役割となったことも保育所の入所希望が多くなった理由の大きな要因ともなっている。しかし，これらの保育ニーズに応えきれず，「子どもの貧困化」を助長しているといえよう。

(2) 子育て支援サービスの種類と役割

子育て支援サービスを大きく分類すると，①経済的支援サービス（現金給付・医療給付），②健康支援サービス（母子保健），③保育所・認定こども園・幼稚園の子育て支援サービス，④ファミリー・サポート・センター事業（子育て援助活動支援事業）の4種類に分類できる（図3－6）。

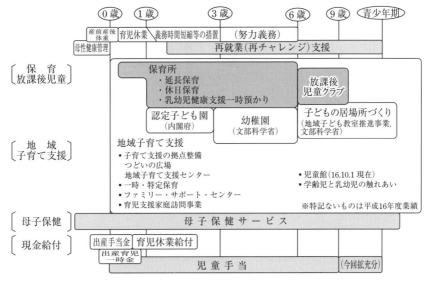

図3－6　子育て支援サービスの種類

A. 経済的支援サービス（現金給付等）

経済的支援サービスは，子育て中の家庭にとって大きな関心事といえよう。

図3－7は，各国の家族関係給付の国民経済全体に対する割合を示している。現金給付

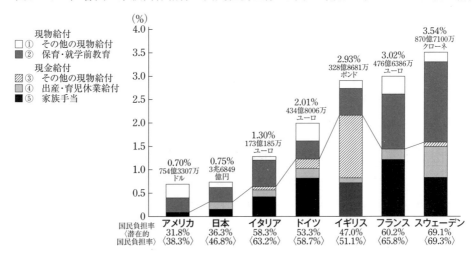

図3－7　各国の家族関係給付の国民経済全体（GDP）に対する割合（2003年）

〔注〕 1) 元データ：DECD: Social Expenditure Database 2007
　　　2) （日本のGDPについては内閣府経済社会総合研究所「国民経済計算（長期時系列）」による）
出典：内閣府：「2008年版　少子化社会白書」

率が，36.3％と先進各国と比較して低いのがみてとれる。

① **児童手当**

国内に居住している15歳到達後の最初の3月31日までの間にある子ども（中学校修了前までの児童）に支給される制度（所得制限有）（表3－2）。

表3－2　児童手当支給金額（児童1人当たりの月額支給額）

区　　　分		所得制限未満の者	所得制限以上の者
3歳未満		月額　15,000円	特例給付として
3歳～小学生	第1・2子	月額　10,000円	
	第3子以降	月額　15,000円	一律
中学生		月額　10,000円	月額　5,000円

② **ひとり親への手当等**

児童扶養手当(所得制限有)（その他詳しい給付制度 p.107参照）。

③ **障害をもつ児童の親への手当**

特別児童扶養手当，障害児福祉手当(所得制限有)（その他詳しい給付制度 p.120参照）。

④ **その他**

● 公的給付：私立幼稚園就園奨励費補助金・出産一時金・チャイルドシート購入費補助金・こどもの医療費助成制度など，市町村によって異なる。

● 企　　業：家族手当など，各企業によって異なる。

● 協賛店舗：パパ・ママ応援ショップ優待カードなど，県，市町村で異なる。

B. 健康支援サービス（母子保健）

① **健診・相談**

乳幼児健診（3～4か月，1歳6か月，3歳）：10か月，2歳，5歳フォロー健診や相談は市町村によって独自に実施

② **母　子**

母子健康手帳の交付，両親学級，妊産婦・新生児訪問，離乳食教室

③ **交流会**

子育て交流会，子育てサークル，多胎児交流，国際交流，発達障害児交流

④ **予防接種**

ポリオ，三種混合，日本脳炎，はしか，BCGなど

C. 保育所・認定こども園・幼稚園の子育て支援サービス

保育所は，保育所保育指針の改定により，保護者支援が明確となり，認定こども園は，幼保連携型認定こども園法により子育て支援が義務づけられている。幼稚園においても幼稚園教育要領の改定により，保護者支援が重要課題とされた。また，保育所・認定こども園・幼稚園に所属している保護者に対する説明責任が課された。

① **在所(園)児へのサービス**

保育サービスの充実：延長保育，休日保育，病児保育，障害児保育など，保護者のニーズに合わせた保育サービスを実施する。

- 子育て情報の提供：子育てに対するさまざまな情報，「発達・発育に関すること」「健康に関すること」「食育に関すること」「子ども理解」「子育て支援の情報」などをポスター展示，園便り，登園・降園時の会話，などを通じて子育てがスムーズにできるように情報提供する。
- 子育て中の保護者同士が関わる場の提供：保護者会，園行事（運動会，保育参加，保育参観，発表会など）を通じて家庭のさまざまな子育てのモデルをみたり，交流する機会をつくる。
- 子育て相談の実施：子育てに関するさまざまなことを相談に応じる。職種に応じて身近に相談できる機関として相談を受け，必要に応じて他機関へ繋げていく。
- 園が理解できる情報提供と場の設定：園がもっているさまざまな機能や，職員の役割をわかりやすく理解できる情報提供を行う。

② 保育所・認定こども園・幼稚園における地域家庭支援サービス
- 子育て情報の発信：ホームページ・チラシ・ポスターなどを通して，子育てに対するさまざまな情報，「発達・発育に関すること」「健康に関すること」「食育に関すること」「子ども理解」「保育サービスの情報」など，子育てに関する情報を発信・提供する。
- 地域の子育て中の保護者が交流：園庭解放，遊ぼう会などにより，保護者間での交流を図る。

D. ファミリー・サポート・センター事業（子育て援助活動支援事業）

乳幼児や小学生などの児童を有する子育て中の保護者を会員として，児童の預かりなどの援助を受けることを希望する者と当該援助を行うことを希望する者との相互援助活動に関する連絡・調整を行う事業（図3-8）。保育園・幼稚園への送迎，保育所，幼稚園，学校終了後子どもを預かる，保護者の冠婚葬祭，通院，買い物の際子どもを預かるなど，ファミリーサポートセンターの設立運営は市区町村である。

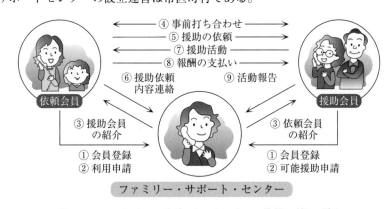

図3-8 ファミリー・サポート・センターの登録・利用の流れ

E. その他の制度

保育ママ制度：市町村が補助金を出して推進している制度で子どもを預かっている。保育所待機児童が多い市町村で保育所に代わる制度として実施しているところが多い。

- その他の制度：図3-9のように，0～3歳までの就学前児童の居場所は，圧倒的に少ない。そこで未就園児対策の親子で集う「地域子育て支援事業」，図書館・公民館などによる「子育て支援事業」「地域ボランティア団体による子育て慈善事業」など，さまざまな子育て支援サービスが実施されている。
- ベビーシッター派遣事業：全国ベビーシッター協会は，国から委託を受け事業を実施。利用者ニーズに合わせ，さまざまなサービスを展開している。

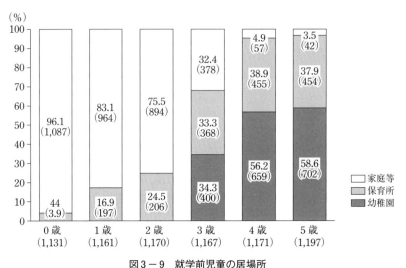

図3-9　就学前児童の居場所

(3) 子育て支援サービスの実際

A. 子育て支援の実際

1) 子育て支援プログラムの組み立て方

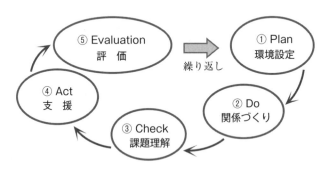

図3-10　支援のプロセス

子育てに関する環境設定(① Plan)を行い，次に保育者と子どもの関係づくり(② Do)を図る。その後，問題点や課題などを理解(③ Check)し，それに対して適切な支援(④ Act)を行い評価(⑤ Evaluation)する。この繰り返しのなかで支援することが大切である。

2) プログラム型子育て支援サービスを企画してみる

事業企画シート〔例〕

項　目	内　　　容	準　備
事　業	「のびのび子育て」あるいは，「△△教室」	
事業目的	1.　親子が楽しく参加し，交流する 2.　地域に子育て支援してくれるスタッフがいることに気づく	
事業対象	地域のすべての子ども	市外でも OK
広報活動	市広報6月号 市ホームページ	
主催者 スタッフ	△児童館　　子育て支援センター　　子育てサロン ▽▽児童館　　学習センター 主任児童委員民生児童委員 子育て支援委員 △△大学生ボランティア	事前学習 （現代の子育て事情： 所長）
日　時	○○年7月18日（金）10：00〜11：30	9：00〜9：30 スタッフ準備
場　所	○○学習センター　体育館	
活動内容 1.導　入 2.展　開 3.まとめ 講話： 子育てに 関する情 報提供	朝のあいさつ 1.　はとぽっぽ体操 2.　アンパンマン体操 3.　新聞紙で「輪っか」づくり 4.　「輪っか」電車ごっこ（線路はつづくよどこまでも） 〈所長の話：子どもにとっておもちゃとは？〉 ①「社会性・発達」をうながす ②「人間らしく育つ」（おおかみは道具を使えないアマラ・ 　カマラの場合） 〈絵本『おおきなかぶ』の読み聞かせ〉	所長：おもちゃ材料・大 型絵本「おおきなかぶ」 センター：CD・新聞紙 全員：エプロン
参加者	すべての親子連れ	事前申し込みなし
その他		

タイムスケジュール表作成…企画シートに基づき事前学習，打ち合わせの有無を決めてお
く。この事例に基づいて企画シートをつくってみよう。

3) 記録について

　プラン型子育て支援を企画・展開した場合，必ず記録が必要である。記録の意味は，「継続活動の流れをつくり，次に活かすことでよりよい活動にしていく」「組織内や外部に実績として報告し，他機関との連携に活かす」「事業スタッフが活動について共通理解し，質の高い活動を目指す」などが挙げられる。記入のポイントは，誰がみてもわかるような記述が求められる。

記録評価票の作成……事業終了後，早めに評価・考察，次への課題を記録しておく。

評価票〔例〕

実施日	年　　月　　日（　　） 　：　～　　：	参加者	大人　　　　名，子ども　　　　名 スタッフ：	記　録
〈参加者〉 親子の様子 スタッフ		〈参加者の声〉 事業対象者 スタッフ		
目標達成度		事業の評価（よかった点・反省点）		
次への課題				

以上の手順で行う。参加者の声などは，次回に生かしていくことが大切である。

4) 子育て支援の必要な家庭の発見方法と対応

　子育て支援を具体化する方法としてどこの部分に問題が潜在化しているか，見分ける方法として下記のようなリスク度チェックを用いるとよい。

　リスク度チェックは，「乳児家庭全戸訪問事業（こんにちは赤ちゃん事業）」や「ブックスタート」の訪問時，不特定な問題点などが表面化する以前の潜在的な問題をチェックし，観察のポイントとして使用するためのチェック表である。

　支援の必要な保護者の発見を図るために活用してほしい。

〈観察のポイント〉リスク度チェック ────────────────

面接日　年　　月　　日( )　：　〜　：　（面接者　　　　・　　　　）
記録　年　　月　　日( )　：　〜　：　（記録者　　　　・　　　　）

［家族の状況］

	項　　目	子　ど　も			母　親（保護者）		
1	顔　色（赤・青・黄・紫）	1 4 (	2	3)	1 4 (	2	3)
2	顔つき（穏やか・笑顔・目の表情）	1 4 (	2	3)	1 4 (	2	3)
3	機　嫌（イライラ・泣き・怒りやすい）	1 4 (	2	3)	1 4 (	2	3)
4	元気さ（体の動かし方・手足のバタバタ・動きの緩慢さ）	1 4 (	2	3)	1 4 (	2	3)
5	食　欲（時間・量）	1 4 (	2	3)	1 4 (	2	3)
6	睡　眠（時間帯・時間の長さ）	1 4 (	2	3)	1 4 (	2	3)
7	子ども：発達（身長・体重）　母　親：清潔・赤ちゃん用品の有無	1 4 (	2	3)	1 4 (	2	3)
8	子ども：視線（後追い）・耳の聞こえ	1 4 (	2	3)	1 4 (	2	3)
9	母　親：父親・祖父母の協力の有無	1 4 (	2	3)	1 4 (	2	3)

　　リスク度（合計）　　　　　　点　（子ども）　　　　点　　（母親）　　　　点
継続の有無　　　　あり　月　　日( )　なし
理　由
　1〔　　　　　　　　　　　　　　　　　　　　　　　　　　　　　　　　　　　　　〕
　2〔　　　　　　　　　　　　　　　　　　　　　　　　　　　　　　　　　　　　　〕

他機関・他専門職との連携の有無　　　　あり（機関名　　　　　）　なし
理　由
　1〔　　　　　　　　　　　　　　　　　　　　　　　　　　　　　　　　　　　　　〕
　2〔　　　　　　　　　　　　　　　　　　　　　　　　　　　　　　　　　　　　　〕

その他（印象など自由記述）

```



```

分析方法 前頁の表は，数字が高くなればなるほどリスクが高い。

〈子ども〉

子ども自体にリスクがある場合，子どもへの支援が中心となる。

子どもへの重要な観察のポイント

子ども項目合計数が高いほどリスクが高くなる。

参考にするべき項目

① **顔色**：参考にはなるが，初めての訪問時では，普段の子どもの顔色などがわからないので判断基準の重要なポイントとはならない。しかし，顔面蒼白が著しい場合は，病気・栄養状態などを含めて気をつけるポイントとなる。

② **顔つき**：母親への顔つきがおどおどしていないか，目の表情をみる（虐待の発見）。

③ **機嫌**：初めての訪問時ではわかりにくいので項目を参考にする。

一方，以下に述べる項目については，かなり重要なチェック項目となる。

④ **元気さ**：子どもは，元気であれば心配ない。元気がないと支援の必要度が高くなる。

⑤ **食欲**：母親からみて「食欲がない」「食べない」の基準は曖昧なことが多くある。「食べない」のに，まるまる太っていることも多くみられる。

⑥ **睡眠**：時間帯に注意し，夜昼が逆転になっていると，母親への精神的負担になってしまうので注意する。夜の睡眠時には暗くし，昼間，日光浴などで光を浴びることで改善される。

⑦ **体重・身長の増加**：観察・面接の重要ポイントである。発達の指標ともなる。身長・体重が順調に増加し，パーセンタイル値（　）の範囲内であるかを確認する。乳幼児期は，体重の減少がみられたら要注意，原因を調べる必要があるので，要支援の対象となる。

⑧ **子どもの清潔感や子ども用品が揃っているか**：虐待の早期発見のチェック項目でもある。清潔感に乏しく，子ども用品が揃っていないようであれば，子どもに無関心と推測されるので他機関との連携が必要である。

⑨ **子どもの視線（後追い）・耳の聞こえ**：面談者が子どもに遊んだり，話しかけたり関わりながら視線や耳の聞こえをチェックすると，耳の聞こえや自閉傾向の早期発見対応のポイントとなる。また，保護者との愛着関係の指標にもなる。

〈母　親〉

母親にリスクがある場合，母親への支援が中心となる。

母親への重要な観察のポイント

母親項目合計数が高いほどリスクが高くなる。

① **顔色**：参考にはなるが，初めての訪問時では普段の顔色などがわからないので判断基準の重要なポイントとはならない。しかし，食欲項目や睡眠項目との関連の参考項目となる。顔面蒼白が著しい場合は病気・栄養状態などを含めて気をつけるポイントとなる。

② **顔つき**：柔らかく笑顔が出ているか，険しい表情や目つきをしていないか，子どもへ向ける目の表情をみる（虐待の発見）。

③ **機嫌**：問診のなかで母親の気持ちを受容する項目

④ **元気さ**：声や動きを観察し，母親の気持ちに寄り添う。

⑤ **食欲**：食欲がない場合，数値が4以上であるとリスクが高い。要観察で支援の必要性があり，育児ノイローゼ予備軍の可能性が大である。特に，食事時間が昼夜逆転になっていないか，子どもの夜泣きなどをここで聞き出すことが重要である。

⑥ **睡眠**：睡眠がとれない。

評 価

〈要支援対象者〉

　睡眠・食欲の数値が高くダブっている場合，見守りが必要である。また，長期間続く場合は，医療機関へつなげていく。

　継続の有無，他機関・専門職との連携の有無を必ず記入する。また，自由記述での印象などは大事なので記入した方がよい。今回継続でない事例が後で浮上してきた場合，問題が潜在化しているキーワードが記入のなかからみてとれる場合がある。

　このシートは，面談者のみる目の確かさが求められる。

〈相談マニュアル・チェック・ポイント〉

事例　　初めての出会い　～保護者と仲よくなる方法～

1. 挨拶・お礼：二つのパターンで行う……言葉は同じだけれど印象はどうかな？
① ニコニコした表情で一呼吸置いてから……「こんにちは！」「かわいいお子さんですね！」
　　or「元気なお子さんですね」
自己紹介　「私，子育て支援センターの○○と申します。よろしくお願いします」
　　「今日は一緒に遊びましょう」
② 緊張気味バージョン……「こんにちは！」
自己紹介　「私，訪問員の○○と申します。宜しくお願い申し上げます」

2. ①，②への印象を話し合い，もう少しこうした方がよいということがあればつけ加える。

3. 子どもを褒める……
　　チェックポイント：お母さんの表情，様子をみる。子どもへのまなざしは？
　　「あーら，かわいい!!」
　　「初めてのお子さんですか」「いかがですか？」

4. チェック・ポイント：母親支援
　[健康状態の把握]
① 母親の表情をみる。母親が疲れていないか，子どもの表情はどうかをみる。
　　「関わりのプロ」として保育士が遊ぶ見本を示す。
② 身近な相談相手「あなたの味方よ！というメッセージを送る」
　　プロの保育士として母親の気持ちを受け止める→支援の基本
③ 身近な相談相手としての相談員として位置づける。
　　必要に応じて専門機関へ紹介をする

　これまでの子育て支援サービスは行政や公的機関が主体であった。しかし，これからの子育て支援サービスのあり方は，各企業の努力がキーワードとなるであろう。たとえば，デパートやスーパーの子ども連れの親子が集まる場所でのバリアフリー化，授乳室，子ども遊びコーナーの設置など，子育て環境の整備をすることが，企業努力として必要である。

●SECTION 1　子育て支援サービスの概要　55

また，平日父親が子育てに参加できず，母親が「母子家庭のようだわ」と子育てをひとりで担っている現状の改善，男性の労働時間のあり方など，働き方の問題，育児休業制度の活用など，企業努力が求められる。

　いずれにしても，社会全体で子育て家庭を支援していく体制づくり，子育て支援サービスの充実を図ることで「子育てしやすい社会づくり」を目指すことが課題といえよう。

〈子育てに関する主な制度と法律〉 ─────────────

- 内閣府「子ども・子育て支援新制度」

　「子ども・子育て支援新制度」とは，子育てに関するさまざまな問題を解消し，子育てしやすい社会を実現するために2012年8月に成立した「子ども・子育て関連3法」に基づいて，新しく設けられた制度。乳幼児期の教育・保育，地域の子ども・子育て支援を総合的に推進することを目的としている。

- 内閣府「子ども・子育て関連3法」

- 子ども・子育て支援法（平成24年法律第65号）

- 「子ども・子育て支援法」第1章総則（目的）

　第1条この法律は，我が国における急速な少子化の進行並びに家庭及び地域を取り巻く環境の変化に鑑み，児童福祉法（昭和22年法律第164号）その他の子どもに関する法律による施策と相まって，子ども・子育て支援給付その他の子ども及び子どもを養育している者に必要な支援を行い，もって一人一人の子どもが健やかに成長することができる社会の実現に寄与することを目的とする。

- 就学前の子どもに関する教育，保育等の総合的な提供の推進に関する法律の一部を改正する法律（平成24年法律第66号）

- 子ども・子育て支援法及び就学前の子どもに関する教育，保育等の総合的な提供の推進に関する法律の一部を改正する法律の施行に伴う関係法律の整備等に関する法律（平成24年法律第67号）

- 「子どもの貧困対策の推進に関する法律」（2013年6月26日法律第64号）

〈文　献〉 ─────────────

厚生労働省：「保育所保育指針」，（厚生労働省告示第141号，平成20年3月28日付）（2008）
文部科学省：「幼稚園教育要領」，（文部科学省告示第26号，平成20年3月28日付）（2008）
佐藤　智恵：「保育における母親支援 ── 保育者の役割について」，保健の科学，51（6）368 〜 371（2009）
山野　良一：「子どもの最貧国・日本　学力・心身社会に及ぶ諸影響」，光文社新書（2008）
山野　良一：「貧困と子どもの虐待－「救済対応」から家族の「生活支援」へ」，『世界』813，p. 183 〜 190（2001）
中嶋　裕子：「子どもをめぐる貧困と虐待－イギリスの施策から学ぶ－」，社会事業研究．（51），p. 128 〜 132（2002）

（丸山アヤ子）

━ SECTION 2 子育て家庭の福祉を図るための社会資源

（1） 児童福祉から児童家庭福祉へ

　　わが国の戦後の社会福祉は，1947（昭和22）年に制定された「児童福祉法」に基づいて展開してきた。戦後しばらくは戦災孤児の保護や母子家庭対策が中心であったが，半世紀を経て，経済的発展とともに社会は大きく変貌を遂げてきた。それに伴い，子どもに関してもいじめ，不登校，ひきこもり，家庭内暴力，児童虐待などさまざまな問題が発生し，児童福祉のニーズは多様化，複雑化してきた。それらの問題の特徴は，一つには，子どもの問題だけではなく家族・家庭の問題としてとらえる必要性があること，二つには，特定の児童や家庭に限らずどの家庭でも起こりうる可能性があることである。

　　そこで社会福祉の考え方は，児童局が児童家庭局に改められたように，児童福祉から児童家庭福祉へと変化し，また，特定の人々を対象とする限定的な福祉（ウェルフェア）のみならず，すべての国民を視野に入れた予防的・積極的福祉（ウェルビーイング）を目指す方向へと転換してきたのである。

　　子どもを育てる責任は，誰にあるのか？そもそも子どもを産み育てるということは，私的なことであり，当然のこととして子どもの養育に関する権利と義務，責任は親権を有する父母等養育者にある。この私的責任を自助という。それに対して，国や地方公共団体は公的責任（公助）を負う。現在公的責任は，健康診査などの子育て環境の整備やさまざまなサービスへと広がってきている。また，虐待など子どもの生命や発達が侵害されるときには，一時保護などの公的介入が認められている。

　　自助・公助とともに子どもを育成する第三の力は，社会的親（共助）である。これは実の親以外の人で子育てに関わる人を指し，昔の子守りや里親，今の保育士・保育教諭・児童指導員・教員などはその典型である。実の親，特に母親の子育て責任と負担の軽減を考えるうえでは重要な存在といえる。

（2） 子どものセーフティネットとしての社会資源

　　あらゆる家庭のニーズや危機的状況をすくい上げるためには，社会資源が網の目のように縦横無尽に張り巡らされていることが必要である。

　　社会資源にはフォーマルな社会資源とインフォーマルな社会資源がある。フォーマルな社会資源とは，公的に整備された制度や専門機関を指し，専門機関には専門職がおり専門性をいかして問題に対応する。それに対し，インフォーマルな社会資源とは，市民活動や地域の力などによって整備された任意の活動やボランティアなどのことで，家族や親族も含まれる。子どもと日常的に関わるために地域の実情に合わせた活動ができ，子どもや親のニーズに柔軟に対応し，問題を早く発見できる。ただ，専門性が乏しいので，複雑な問題の場合は専門機関につなぐ必要がある。

　　それぞれの特徴を生かして補い合う連携のために，2004（平成16）年に要保護児童対策地域協議会の設置が規定された。

●SECTION 2 子育て家庭の福祉を図るための社会資源 57

（3） 主な相談援助機関

〔児童相談所〕

　　児童相談所は，児童に関するさまざまな問題について市町村からの送致や家庭その他からの相談に応じる児童福祉行政機関である。都道府県と政令指定都市に設置が義務づけられ，2017（平成29）年4月現在全国に210か所ある。電話番号の189番（いちはやく）は，児童相談所の全国共通ダイヤルに設定されている。

　　児童相談所の業務は，①相談，②判定，③一時保護，④指導・措置の4つである。相談は家族・親戚のほか学校や保育所，病院，また，福祉事務所，保健所，児童委員などの関係機関からも持ち込まれ，高度な専門性を求められることも多い。

　　相談内容の約半数は「障害相談」で，ついで「育成相談」「養護相談」がそれぞれ約2割を占め，その他「非行相談」などがある。「育成相談」はしつけ，不登校，性格行動に関する相談であり，「養護相談」は児童虐待の相談件数の急増により，近年増加傾向にある。

　　児童相談所には児童福祉司，児童心理司，医師，児童指導員，保育士などの専門職がおり，チームを組んで業務にあたっている。

　　相談の流れは，まず受理会議により検討し，受け付けが決まったら子どもや家族についての調査が行われる。調査の結果は判定会議にかけられ，その後処遇が決定する。約8割は面接指導であり，児童相談所や地域の関係機関でフォローする。必要に応じて児童福祉施設への入所や通所，里親への委託を決定する。

　　また，緊急に保護する必要がある場合や，家庭から離して様子をみる場合などには，併設の一時保護所に保護することができる。一時保護所では児童指導員や保育士が生活指導，学習指導，行動観察などを行う。

　　2004（平成16）年の児童福祉法の改正により，これまで児童相談所に一極集中していた体制が改められ，市町村が相談の窓口となり，児童相談所はより高度な専門的対応や法的対応が必要なケースを担当することとなった。

〔福祉事務所・家庭児童相談室〕

　　福祉事務所は都道府県および市に設置義務がある，「社会福祉行政の第一線機関」であり，福祉六法に関する業務を行う。児童や家庭に関する業務としては，児童および妊産婦の福祉に関する相談・指導を行うことが定められている。従来行っていた保育所などへの措置が1997（平成9）年の児童福祉法の改正により契約に変わったため，現在は保育所に関する相談や情報提供を行う。また母子自立支援員が配置されており，母子および寡婦の福祉に関する相談，自立支援などを行っている。

　　多くの福祉事務所には，家庭児童相談室が設置されており，2008（平成20）年現在全国で980か所設置されている。家庭児童相談室には社会福祉主事のほか，家庭相談員が相談にあたる。相談内容は，不登校など「学校生活など」，不適切な養育環境など「環境福祉」「家族関係」など幅広い。

〔保健所・市町村保健センター〕

　保健所は地域の住民の公衆や衛生を支える保健活動の中心であり，管理的な役割とともに，専門的な実践機能をもった機関である。都道府県，政令指定都市，その他政令で定める市または，特別区に設置されており，2017（平成29）年4月現在481か所設置されている。職員として，医師，薬剤師，獣医師，歯科医師，放射線技師，保健師，助産師，看護師，栄養士などがいる。母子保健においても，子どもおよび妊産婦の保健管理において重要な役割を担っている。しかし，管内人口も多く，また多種にわたる公衆衛生事業を担当していることから，1997年の地域保健法改正により，妊産婦や子どもに対する健康診査や保健指導は市町村保健センターにおいて一元的に行うこととなった。

　市町村保健センターは，1994（平成6）年の地域保健法において法定化され，市町村に任意設置された。住民に対し，健康相談，保健指導および健康診査などの地域保健に関する事業を行う。保健師のほか看護師，栄養士などが配置されている。妊産婦や子どもに関しては，母親学級や育児学級を通じて保健指導や情報提供を行ったり，乳幼児健康診査や訪問指導，予防接種，健康相談などを行う。健康診査を受けていない親には必ず連絡し，家庭訪問を行う。子育てサークルなど子育て家庭の仲間づくりにも積極的に取り組み，保育所にも出かけて相談や食事指導を行ったりする。妊産婦の時から継続的に母子に関わりをもち，問題がある家庭だけに関わるのではない点に特徴がある。また，疾病や障害の予防，早期発見，早期対応，援助を必要とする家庭への継続的な援助については，必要に応じて他の専門機関と連携をとっている。

〔児童家庭支援センター〕

　児童家庭支援センターは，1997（平成9）年の児童福祉法の改正により創設された最も新しい児童福祉施設である。予防や早期発見という観点から，地域に根ざした機関での相談体制の確立が必要となったためつくられた施設である。児童養護施設などの入所型施設に付置されることが多く，2016（平成28）年4月現在全国で112か所設置されている。家庭や地域からの相談を24時間365日受付けられること，緊急を要する相談の場合の一時保護が可能なことが特徴である。

　業務内容は，①専門スタッフによる一般相談・電話相談，②児童相談所からの措置指導の委託を受けた継続的指導，③関係機関との連携による問題の早期発見，連絡調整である。

〔児童委員〕

　児童委員は児童福祉法に基づき，厚生労働大臣の委嘱により，市町村の区域におかれる民間奉仕者であり，民生委員を兼務している。2012（平成24）年3月現在約23万人が委嘱されている。

　児童委員は，担当区域の児童・家庭の実情を常に把握し，必要な援助指導を行う。主な業務は，①要保護児童の関係機関への連絡や，住民からの通告の仲介を行う。②児童相談所や福祉事務所に協力する。③地域の児童健全育成活動を支援する。

　児童委員による地域における子育て支援活動への期待が高まっているため，1994年から，区域を担当せず児童福祉に関する事項を専門的に担当する主任児童委員が創設された。児童委員と共同して相談支援にあたると共に，関係機関との連絡調整を行う。

●SECTION 2　子育て家庭の福祉を図るための社会資源　59

〔地域子育て支援拠点〕

　　地域子育て支援拠点事業は，従来より実施されていた地域子育て支援センター事業とつどいの広場事業を再編し，2007（平成19）年度より創設された。実施主体は市町村で，民間事業者への委託も可能である。

　　地域の子育て家庭を支援することを目的とし，ひろば型，センター型，児童館型3つの類型があったが，平成25年度よりひろば型，センター型を統合し「一般型」に再編し，利用者支援，地域支援に児童館型を連携型に再編し，多様なニーズに対して支援することとした。それぞれ実施する場所や日数などが異なるが，次の4つの必須業務がある。①子育て親子の交流場の提供と促進，②子育て相談，援助の実施，③地域の子育て関連情報提供，④子育ておよび子育て支援に関する講習などの実施。相談内容はしつけや教育に関することや情報提供，問い合わせなどが多い。

　　相談に応じるだけでなく，気軽に訪れ子どもを遊ばせると同時に，親同士の仲間づくりを促し，子育て不安の軽減を図っている。

〔児童館〕

　　児童館は児童福祉法に基づく児童厚生施設であり，児童に健全な遊びを与えてその健康を増進し，情操を豊かにすることを目的としている。専門職員として児童厚生員がおり，遊びの指導を行っている。主として幼児期から学童が利用しており，幼児の親子グループの活動や，子ども会・母親クラブの育成など地域組織の活動拠点となっている。

〔保育所〕

　　保育所は保護者の委託を受けて，保育を必要とする乳幼児を保育することを目的とした児童保育施設である。1997（平成9）年より措置制度より保護者の選択利用方式に変わった。

　　2015（平成27）年の「子ども・子育て支援新制度」では，対象が「保育に欠ける」乳幼児から「保育を必要とする」乳幼児となった。また待機児童対策と保育ニーズの多様化に対応し，従来の認可保育園のほか，幼保一体型の「認定こども園」，地域型保育として新たに国の給付対象となった「小規模保育」「家庭的保育」「事業所内保育」「居宅訪問型保育」（ファミリーサポートセンター・ベビーシッターなど）などがある。このほか自治体の認証を受けた「東京都認証保育園」などやベビーホテルなどの無認可の保育園もある。

　　保育所の保育士・保育者には，入所児童だけでなく地域の子育て家庭の保護者の育児不安軽減のための相談に応じたり，虐待の早期発見など，地域の子育て支援の核となる役割が期待されている。

〔幼稚園〕

　　学校教育法に位置づけられる幼稚園は，1日4時間の保育であるが，働く母親の増加などのために，多くの幼稚園で預かり保育を行っている。理由の如何を問わず低料金で夕方まで預かるシステムで，保護者のニーズも高く，2014（平成26）年6月の時点で82.5%（公立60.9%，私立95.0%）が実施している。今後も「地域の幼児教育センターとしての機能の充実」を目指し，親と地域のニーズに応えられる子育て支援を行っていくことが期待されている。

〔認定こども園〕

　幼保連携型認定こども園は，地域の子どもが健やかに育成される環境を提供し，保護者に対する総合的な子育ての支援を推進するため，地域における乳幼児期の教育，保育の中心的な役割を果たすよう努めることが求められている。園の特性を考慮し，地域に必要な事業の実施，一時預かり事業などに専門性を活かした子育て支援事業が期待されている。

〈文　献〉

　網野武博編著：「家族援助論」，建帛社(2002)

　社会福祉学習双書編集委員会編：「社会福祉学習双書5　児童家庭福祉論」，全国社会福祉協議会(2018)

(小泉左江子／寺田清美)

━ SECTION 3 ┃ 少子化対策施策，次世代育成支援施策

（1） 少子化の現状と対応

A. 少子化の進行

　　わが国においては，急速に少子化が進行している。SECTION 1でみたように，1949（昭和24）年に第1次ベビーブームのピークおよび1973（昭和48）年に第2次ベビーブームのピークがあり，それ以後はほぼ一貫して出生率は低下，または横ばいの状態が続いている。2005（平成17）年の合計特殊出生率は1.26と過去最低を記録した。2015年には1.45に回復したものの，人口を維持するのに必要な2.08を大きく下回り，今後も少子化の傾向は続いていくものとみられている。さらに長寿化とあいまって，1997（平成9）年には老人人口（65歳以上）が年少人口（14歳未満）を超えた。少子高齢化社会は社会を支える世代が減少し，支えられる世代が拡大するため，社会保障の点からも現在の社会構造を維持することが困難になると予測される。

　　1989（平成元）年，わが国の合計特殊出生率が1.57となった。これは「ひのえうま」の1966（昭和41）年の1.58を下回るもので，「1.57ショック」として大きな関心を集め，少子化対策が開始される契機となった。

B. 少子化の社会的背景

　　少子化を表す指標としてよく用いられる合計特殊出生率を低下させている原因に未婚率の上昇が挙げられる。女性に限らずその割合は上昇しているが，特に25 〜 29歳の未婚率の上昇が顕著である。しかし，生涯非婚である割合は高くないので，総じて晩婚化傾向が原因といえる。平均初婚年齢が高くなると，初産の年齢が高くなり，平均出生児数は減少する傾向にある。

　　晩婚化の要因としては結婚や生き方に対する価値観の多様化が挙げられる。高学歴社会となり，女性が社会に進出し，収入を得ることができるようになったため，一定の年齢になったら結婚して子どもを産むのが当然と考える伝統的な価値観はくずれてきた。仕事，結婚，出産それぞれに選択肢があり，その結果，女性のライフコースは非常に多様化している。

　　そのなかで，子育てについて身体的・経済的・心理的負担感，仕事と子育ての両立の負担感が増大していることが意識調査で指摘されている。また，核家族化や都市化により母親の孤立化・不安感が増大していることも指摘されている。実際もちたいと思う理想の子ども数より，実際の子ども数は常に少ない傾向にあり，子どもを「産まない選択」をする人も増えている。また，最近では夫婦の出生力そのものの低下も指摘されている。

　　また「イクメン」「イク爺」などの言葉がもてはやされる一方，「子どもを知らないで親になる」人の増加や，子ども，子育てに無理解な職場や社会もまだまだ存在し，「子どもを産み育てやすい環境」とはいえない現状がある。

C. 少子化への対応

(1) 1989（平成元）年の1.57ショックを受けて，1994（平成6）年には，「エンゼルプラン」，5年後の1999（平成11）年には「新エンゼルプラン」に基づき，各種保育サービスの拡充を中心として，子どもを産み育てやすい環境整備に力点をおいて，さまざまな対策が実施されてきた。

しかし，晩婚化の進行に加えて，夫婦の出生児数の減少という新たな傾向が確認され，将来の出生率の見込みはさらに下方修正されることとなった。このような状況をふまえ，2002（平成14）年の政策である「少子化対策プラスワン」では，子育て家庭の視点からみて，よりバランスのとれた施策を進める必要があるとの考えに立ち，「男性を含めた仕事の見直し」「地域における子育て支援」「社会保障における次世代支援」「子どもの社会性の向上や自立の促進」の4本柱が立てられた。

（2） 次世代育成支援

次世代育成支援は「家庭や地域の子育て力の低下に対応して，次世代を担う子どもを育成する家庭を社会全体で支援すること」と定義されている。これは次の2点に特徴がある。①「すべての子育て家庭」を対象としている点，②社会的な責任として社会全体がすべての子育て家庭を支えていこうとする点である。

次世代育成支援対策推進法は2003（平成15）年に2015（平成27）年までの10年間の時限立法として成立した。基本理念を定め，国，地方公共団体，事業主および国民の責任を明らかにし，次代を担う子どもが健やかに生まれ育つ社会を形成することを目的とする。これに基づき，地方公共団体や事業主は，国が示した行動計画策定方針に則り，行動計画を策定するように義務づけられた。特に「働き方の見直し」や「地域における子育て機能の再生」などの取り組みを推進することとされた。

2003（平成15）年の「少子化社会対策基本法」により，少子化対策は恒久的政策となり，出生率の回復に積極的に取り組むこととなった。これに基づき，2004（平成16）年の「少子化社会対策大綱」では4つの重点課題が示された。

① 若者の自立とたくましい子どもの育ち
② 仕事と家庭の両立支援と働き方の見直し
③ 生命の大切さ，家庭の役割などの理解
④ 子育ての新たな支え合いと連帯

このようにして，各般の取り組みを総合的に推進する枠組みに整備が行われた。

（3） 最近の少子化対策の動き

「新エンゼルプラン」に代わる新たなプランとして「子ども・子育て応援プラン」を決定し，2005（平成17）～2009（平成21）年の5年間に取り組む目標を掲げた。そのねらいは，すべての子どもと子育てを大切にして取り組み，「目ざすべき社会の姿」を提示し，地方公共団体の計画とリンクさせることである。

子どもを産み育てたい，子どもをもっても働きたいとの希望が実現できる環境を整備するために，2007（平成19）年には「子どもと家族を応援する日本」重点戦略がとりまとめら

れた。

① 仕事と生活の調和（ワーク・ライフ・バランス）の実現

② 就労と子育ての両立，家庭における子育てを包括的に支援する枠組みの構築

この2つを「車の両輪」として同時並行して進めることが必要不可欠とされている。

また，2008（平成20）年には「新待機児ゼロ作戦」への取り組みとして，家庭的保育事業や子育て支援事業を児童福祉法に位置づけること，育児休業法の改正により，子育て期間中の働き方の見直しや父親も子育てができる働き方の実現など，育児と子育ての両立支援のための環境整備が挙げられた。

2010（平成22）年から2014（平成26）年までの5年間は「子ども・子育てビジョン」が策定され，次のような4つの柱を目標に掲げて進められた。

① 子どもの育ちを支え，若者が安心して成長できる社会へ

② 妊娠・出産・子育ての希望が実現できる社会へ

③ 多様なネットワークで子育て力のある地域社会へ

④ 男性も女性も仕事と生活が調和する社会へ（ワーク・ライフ・バランスの実現）

そして「子ども・子育て関連3法」に基づき2015年4月から「子ども・子育て支援新制度」がスタートした。その基本的方針は

① 子育て中のすべての家庭を支援する。

② 多様な保育の確保により待機児童解消に取り組む。

③ 地域のさまざまな子育て支援を充実させる。

具体的には

① 認定こども園を普及させる。

② 「施設型給付」（認定こども園・幼稚園・保育所）と「地域型給付」（小規模保育・家庭的保育・事業所内保育・居宅訪問型保育）を創設し，都市部の待機児童解消を図る。

③ 地域の実情に応じて「一時預かり事業」「放課後児童クラブ」など，すべての家庭への支援を充実させる。

〈文　献〉

星野政明他編：「子どもの福祉と子育て家庭支援」，みらい（2010）

社会福祉学習双書編集委員会編：「社会福祉学習双書5　児童家庭福祉論」，全国社会福祉協議会（2009）

内閣府・文部科学省・厚生労働省編：「子ども・子育て関連3法について」（2013）

内閣府編：「子ども・子育て支援新制度なるほどBOOK」（2014）

（小泉左江子／寺田清美）

CHAPTER 4

多様な支援の展開と関係機関との連携

━ SECTION 1 ┃ 保育所入所児童の家庭への支援

（1） 入所オリエンテーション

　「保育所保育指針」の第6章（本節末参照）をふまえて，保育所が子どもの福祉を増進するために行う保護者支援の具体的な方法を，さまざまな場面と具体例を挙げながら考えたい。

　通常，入所が決定した子どもとその保護者に対して，入所オリエンテーションを実施する。入所オリエンテーションは，保育所と保護者との人間関係づくり，すなわち信頼関係形成への第一歩である。入所が決まった子どもとその保護者は，これから始まる保育所生活についての期待と不安を多く抱えている。わが子は保育所の先生や友だちと仲良くなれるか，給食は残さず食べられるか，いつ頃からどれくらいの時間昼寝するのか，毎日どんなことをして遊ぶのか，朝泣かずに親から離れられるかなど，子どもに関することのほかに，育児休暇明けの職場にスムーズに順応できるか，保育所に寄ってから職場に着くまでどれくらいの時間がかかるか，何時頃家を出れば職場に間に合うか，仕事を休まなければならないことはどれくらいあるのかといった，保護者自身の仕事に関することなどがある。入所時の期待と不安は，家庭および保護者それぞれの状況に応じて一様ではない。保護者ごとにそれぞれの期待と不安をもっているこのことを念頭に，オリエンテーションでは，保護者と子どもに対して全人的理解と信頼関係の基盤をつくる姿勢が望まれる。

　保育所入所児童の保護者にとって保育所は，一人の子どもの一日と，繰り返される毎日をかわるがわる預かりみて，その発達の保障を協力し合っていく子育ての協働者であり，また，成長をともに喜び，心配や不安を共有する共同者である。そして，必要に応じて子育てについての教育や指導といった援助を得られる場所である。保育所に入所した児童の健全な育ちを保障する保育を展開していくために，またその保護者に対しては，これから始まる保育所入所生活を安心して送れるように，保護者との信頼関係を築いていかなければならない。その最初の土台を築くのが，入所時のオリエンテーションである。オリエンテーションでは，保育所生活に必要な持ち物や，保育所での子どもの一日の生活の流れ，年間行事など，保育の内容についての具体的な説明を行うだけでなく，保育内容についての理解と協力を得られるように，保育方針や保育理念について丁寧に説明する必要がある。保育所側からのみの一方的な説明に終始するのではなく，保護者が疑問や不安を安心して表現できるような雰囲気づくりと，それら一つひとつを取り除くための配慮をする，また保護者の意向や要望に対しても応答的な対応に努め，保護者との意思疎通と相互理解を図る。保護者との安定した人間関係，信頼関係を築くことなしに，保育所に入所した子

どもの健全な育ちを保障することは難しく，オリエンテーションの際の充分な説明と，双方向的な関わりが，保護者の保育所に対する安心感や信頼感の基礎になり，そこからスタートする人間関係を安定したものにする。保育所入所児童の保護者に対する支援の第一歩であるといえる。また，オリエンテーションの際には個別面談の機会も設け，子どもの発達発育状況や保護者の生活実態などの聴き取りを丁寧に行い，子どもと保護者の状態の把握を綿密に行うことも必要である。

（2） 日常的な関わり

保育所における保護者支援は，日常保育のさまざまな機会をとらえて行われる。子どもが保育所に入所してからは，保護者と保育者が直接的に対面して関わりをもつ時間と機会は限られてくるので，その機を逃さず有効に使えるように努めなければならない。次に，日常保育のなかで想定される保護者と保育者との関わりのそれぞれの場面において，配慮したい事柄を整理して述べる。

A．登園・降園時

保育所に子どもが登園してくるときとお迎えの時間(降園)は，短い時間ではあるが保育者が保護者と直接的に関わり言葉を交わし合う，毎日必ず共有する場面である。しかし，朝の登園時は忙しく出勤していく保護者がほとんどで，ゆっくりと話し込む時間はもてないのが普通である。保護者が子どものその日の健康状態や日中の連絡先，お迎えにくる人とお迎えの時間，今日一日のなかで保育者に配慮して欲しいことなどの保護者からの情報を，保育者は簡潔に確実に得なければならない。日常的に繰り返されるやりとりは，ともすると保護者からの「変わりないです」「元気です」「お願いします」などのひとことと，保育者からも「わかりました」「いってらっしゃい」のひとことで終わってしまう場合も多いが，保護者と保育者との間にある信頼関係があればこそ成り立つのである。保育者は，その短い時間とやりとりで保護者が安心して仕事に行けるような配慮を常に心がけなければならない。保育者には，登園した子どもの表情や顔色，機嫌などを即座に観察(視診)し，判断をする力が求められる。朝の視診で，もし何かしらの異常が感じられた場合には，保護者の忙しさを考慮しながら保護者に確認しなければならないこともある。たとえば，朝の登園時，子どもの膝に擦り傷があった場合，その受傷がいつどこであったのかを保護者に確認せずに受入れをし，保護者がその傷に気づいていなかった場合，夕方迎えにきた保護者にとっては保育中に子どもが受傷したものと思ってしまう。長時間保育を受ける子どもの場合には，朝の受け入れ時の保育者と夕方の引き渡し時の保育者が同一でないことも稀でない。そのため保育者同士の連携が重要であることはいうまでもないが，子どもについての情報を保護者と常に共有しておくことは，保護者との信頼関係を築くうえできわめて重要である。

一方，降園時は朝に比べると保護者が時間的にも精神的にも余裕がある。その日の保育中にあった出来事や，一日の子どもの様子などを保護者に伝えることで，保護者が安心できるように心がける。仕事と子育ての両立を懸命にこなしている保護者にとっては，保育所は物理的にも時間的にも，また精神的にも職場から家庭への中間地点にある。降園時は，

保育所から家庭に戻る子どもと，職場から家庭に戻る保護者の生活の場が，長くはないが重なる時間である。日中はそれぞれ別の場所で過ごしていた家族と保育者，または他の家族同士が接触する時間でもある。保育者は，仕事から帰ってきた保護者の疲労感にも配慮しながら，「お仕事お疲れ様」など労いの言葉がけも含めて，子どもが健康で一日を過ごした喜びと，保護者が子どもに会えた安心感を共有する心がけが大切である。時には仕事の愚痴や日常的な瑣末な出来事の会話をもつことで，保護者の精神的な安定を図ることもある。仕事帰り，保育所の玄関先で保育者との数分間の立ち話で「リフレッシュできた」といって笑顔で保育室に子どもを迎えに行く保護者の姿をみると，些細なことが保護者支援になり得るのだと感じることがある。

　また，日々めざましく成長発達を続けている子どもたちと接している保育士には，保育中に「初めて立った」とか「2歩あるけた」など，子どもの発達上の大きな変化の場面に出くわす機会が多分にある。子どもの発達や成長を喜ぶ気持ちを保護者と共感しあえるように，その場面の伝え方には配慮する必要がある。自分の子どもの成長や発達を，わがことのように喜んでくれる保育者の存在は心強いかもしれないが，保護者にとって，子どもの「初めて」に立ち合えないもどかしさを理解しておくことも大切である。「初めて」の場面の喜びは，まず最初に保護者が味わえるように工夫して伝えることで，保護者は子どもの発達をよりいっそう喜び，子どもへの愛情が増し，保育者とのよりよい関係につながると思われる。たとえば，「今日初めて立つことができたんですよ」と事実をそのまま伝えるのではなく，「もう少しで立てそうだったから，よく見ていてあげてくださいね」というように，保護者が子どもの成長を見守れる援助が大切である。

　さまざまな場面がある降園時には，家庭に戻ってまた明日も子どもと保護者が元気で登園してくれることを願う気持ちで保護者を迎えることが，保護者支援の基本であるといえる。

B. 保育中の保護者への連絡

　日中保育中に保護者への連絡が必要になる場合がある。子どもが発熱したり，受傷した場合などが主だが，登園時に泣きやまず保護者からなかなか離れない子どもを心配しながらも保育所に置いて仕事場へ向かう保護者が，その後の子どもの様子を伝えて欲しいと要望する場合などもある。多くの保護者は日中職場におり，連絡先は保護者の勤務先であることがほとんどであるが，連絡先の確認は常に行っておかなければならない。子どもと離れて過ごす時間に，保育所にいる子どものことを過度に心配させないように保護者との日常的な関わりを大切にし，そのための配慮として，特に子どもの健康状態に関しては，あらかじめ把握しておくことが必要である。入園時オリエンテーションで，子どもの体温が○℃以上になったら保護者に連絡をとる，というような取り決めをして共通理解を図っておくと，保護者は安心して職場での時間を過ごせるものと思う。保育中の保護者への連絡も，子どもの保育と密接に関連した保護者支援の一つであるといえる。

C. 連絡帳によるコミュニケーション

　登園時・降園時の援助とも重なるが，その日の保育の内容や子どもの様子などを保護者に知らせることは，保護者支援に深くつながっている。多くの子どもたちが過ごす保育所内では，一人の子どものちょっとした言動は，ともすれば見落とされがちであるが，そのような言動のなかに子どもの発達を垣間見たり，子どもに対する保護者の愛情が増すような場面があることを常に意識しておき，些細なことのように思われてもそれを連絡帳などに記載して，保護者に文字のメッセージとして伝える。たとえば，「遊びの場面でともだちと玩具の取り合いをしてけんかになったが，最後には仲直りができて笑顔が見られた」というような実に些細なできごとの報告である。保護者にとっては，家庭内でわが子の成長をみることはできても保育所内での他の子どもたちとの関わりのなかで見られる成長の姿をみる機会はほとんどないために，実際には日々着々と遂げられている子どもの成長を実感することが難しい。日常の瑣末な出来事のなかにこそ，子どもの成長発達を確認できるということを意識的に保育者が伝えることによって，子どもの成長の実感を保護者と共有することができる。これは保護者との共感と相互理解，信頼関係の構築に欠かせない保護者支援の方法の一つである。特に長時間保育を受ける子どもの保護者は，担任の保育士と直接会って話をする時間をもつことがほとんどない場合がある。直接会って話ができないことによる不安を取り除くためにも，日中その子どもの保育にあたった担任の保育者からの直筆の文字の情報は有効である。保護者にとってその子どもの一日が凝縮された記述，毎日の綴りは，年を重ねるごとに子どもの成長のあしあととなり，貴重な成長記録にもなり得る。

（3）　年間行事を通じて

A. 懇談会，保育参観

　保育所では，年間行事として日中の保育所へ保護者に足を運んでもらい，普段の保育内容を実際に見てもらえるような機会を設けている。これは，保護者に対して保育の意図や日常の保育中の子どもたちの様子，課題などを伝えると同時に，保護者の気持ちや悩みを直接聞き取る機会にもなる。登園時や降園時，あるいは連絡帳などによる報告だけでは伝わらない実際の子どもたちの姿は，子どもの成長を説明するのに強い説得力をもっている。また，保育者の子ども達への関わり方を見ることは，保護者にとって間接的に保育指導を受ける機会にもなり，また，保育者にとっては，保護者との人間関係づくりと保育の質の向上のための貴重な機会である。

　普段は子どもから離れて保護者同士でゆっくり話をする機会のない保護者にとって，他の保護者との交流の場ともなり，リフレッシュの機会になるだけでなく，「自分の子育ては間違っていないだろうか」「他の家ではどんな子育てをしているのだろうか」「自分の子どもの友だちの保護者はどんな人だろうか」など，職場と家庭という生活の場では知り得ることのできない情報の獲得や，子育てにおける不安感や孤独感の原因になる要因を減らすことにもつながる。

具体的には，懇談会は保育者からの一方的な保育内容の説明会に終始するのではなく，保護者同士が意見を述べ合うグループワークの時間を設けたり，おやつやお茶を飲食しながらくつろいで話せる雰囲気づくりに努めたりするなど保護者同士の交流がスムーズになるような工夫をして，保護者の相互支援を促すことが大切である。

保育参観においては，保育室の後ろに保護者を立たせてただ日常の保育を見てもらうだけでなく，子どもとの共同制作を実施したり，親子のふれ合い，遊びなどを取り入れて，子どもとの保育活動を実体験できるよう能動的な参加を促し，保護者が子どもの気持ちに寄り添えるような工夫が大切である。

B. 行事への親子参加

遠足や運動会，発表会など年間行事のうち，特別な保育を実施する際も，また保護者支援において有意義な機会である。発表会などは保護者に対して保育所が子どもの成長を披露する場としての意義もあるが，保護者を観覧者に終始させるのではなく，子どもとともに行事に参加することを促すことによって，保育所と保護者の相互理解が深まる機会となる。保護者同士の関係や，親子間の関係を良好にする仕掛けを用意することで，保護者の養育力の向上を図ることができる。親子遠足を機に，参加した保護者同士が仲良くなり，互いの子育てを支援し合うような関係をつくったり，運動会に親子競技で参加して子どもとのふれ合いの時間で親子関係がより親密になる。また，発表会において保護者の演目をプログラムし，保護者同士が協力し合って舞台で何かを演じるための活動を通じて保護者の自主的活動を促すことは，親のエンパワーメント（力を与えていく）の機会となる。親子で参加する行事は，誰よりも子どもたちがいつも以上に笑顔で嬉しそうである。自分たちが子どもを笑顔にさせてあげる力をもっているのだということを保護者が再認識できる場としても，特別な行事への保護者参加は，おおいに活用されるべきである。

C. 1日保育士体験

ここ数年の間に埼玉県や品川区などでは，行政の取り組みとしても注目されている試みである。これは保育所入所児童の保護者が，保育所で子どもたちと一緒に1日保育士として過ごすというものである。この1日保育士体験には，これまで述べた保護者支援のエッセンス，すなわち，保育所と保護者の相互理解と共感，両者間の良好な人間関係醸成のための要素が凝縮されている。

保護者が1日保育士をするということは，保護者にとって，日中の子どもの様子を間近で見ることができるだけでなく，保育士の子どもへの言葉がけや関わりの様子，子どもが食べている給食の味やにおい，保育所の中の雰囲気など，言葉では充分に伝わりきれない保育所保育の実態を直接的に知る絶好の機会である。そして，保育所のありのままが保護者に端的に伝わるために，保護者に対しての相互理解が深まる。また，子どもへの言葉がけや，けんかの仲裁などの保育士のふるまい，すなわち「保育技術」が間接的に伝達され，保護者の養育力の向上にもつながり得る。

実際に1日保育士体験を実施した保育所では，体験した保護者の多くが「とてもよい体験だった」「もう一度参加したい」という感想を残している。ほかに，保育所での子どもの

姿をみて驚きや喜びを伴った感想がしばしば聞かれる。

『保育園ではしっかり椅子に座って好き嫌いなく給食を食べている姿にびっくりしました！家では歩き回ったりして食事もままならないのに（実際の感想文より）』。

保護者は普段目にすることがない集団生活のなかの「わが子」の姿と，家庭で過ごしているときの「わが子」の姿の違いをこの1日保育士体験で発見する。その発見は，ほかならぬわが子の成長の再発見であり，これが保護者にとっての「よい体験」なのである。

わが子の成長の再発見，子どもの成長を実感することは，親としての喜びや子育ての達成感につながり，さらに子どもへの愛情の増幅につながっていく。

1日保育士体験を含め，保育所における保護者支援は，保護者が子育ての喜びと達成感を感じられるような工夫やしかけ，またそれをともに喜び合えるような共感的な姿勢で取り組みたい（図4-1）。

図4-1　保護者支援の実践例

保育所では，さまざまな形での保護者支援が可能である。しかし，保護者が安心して気持ちよく利用できるだけの保育所になればよいということではない。保護者の訴えや要求をすべて受け入れて迎合していくのではなく，保護者が保護者として成長できることを願い，そのためにできることを考え工夫して実践していくことが重要である。

また保護者支援を考えるときにさらに重要なことは，子どもを中心におくことである。保育所も家族も子どもにとって必要な「環境」である。未来を担う子どもの健やかな発達と，幸せな生活を保障するための「環境づくり」が保護者支援の真の目的であると考える。

保護者が子育ての喜びと達成感を感じられるような工夫，子育ての喜びの共有と共感を意図して実施した「保護者支援」のうちの一つの方法として，卒園式に園児に渡す「卒園証書」と同様に，保護者に「子育て証書」を授与した（図4-1）。卒園式当日まで保護者に内緒にしておいたため，突然の「子育て証書」授与に驚いたが，「子育て頑張ってよかったと思いました。感動しました。これからも頑張ります。」など，喜びの声が聞かれた。

参考：保育指針にみる保護者支援

平成29年に改定された保育所保育指針（以下，保育指針）において，保育所の役割を示す文章内（第1章　総則）に，「子どもの福祉を積極的に増進することにふさわしい生活の場」という文言がある。

このことは，家庭でなすべき事柄のうち，何か足りない部分や充分でない機能を補うだけでなく，家庭ではできない何かを提供する機能をもつ場所としての役割が，今日の保育所に期待されていることを象徴しているといえる。さらに，この保育指針は厚生労働大臣「告示」である。すなわち保育所は，子どもたちが健全な育ちを保障されるための「家庭以外の場所」として機能することを義務づけられている。

保育指針において，保育所における保護者支援については，「第4章　子育て支援」のなかで「保育士等の業務」と規定されている。全5章からなる保育指針において，保護者への

子育て支援が，昨今の子どもや保護者を取り巻く社会状況の変化をふまえて，時代の要請として保育所に新たに義務づけられたことを意味しているといえる。子どもの生活の援助を通じて，子どもの育つ権利と発達を保障する役割を主に担ってきた保育士の業務が，現代においては保育所内だけでは完結しないと言い換えることもできるかもしれない。子どもの最善の利益を考慮し，その福祉を積極的に増進するためには，入所児童の保護者に対する支援は必要不可欠である。

　保育指針「第4章　子育て支援」は，「1. 保育所における子育て支援に関する基本的事項」「2. 保育所を利用している保護者に対する子育て支援」「3. 地域の保護者等に対する子育て支援」の3項目からなる。このうち，本章では「2. 保育所を利用している保護者に対する子育て支援」で述べられる内容をふまえながら，保育所が行い得る保護者への支援について述べたい。

保育所保育指針（厚生労働大臣告示117号　平成29年3月31日）

第1章　総則
1　保育所保育に関する基本原則
(1)　保育所の役割
　「入所する子どもの最善の利益を考慮し，その福祉を積極的に増進することに最もふさわしい生活の場でなければならない」

第4章　子育て支援
　保育所における保護者に対する子育て支援は、全ての子どもの健やかな育ちを実現することができるよう、第1章及び第2章等の関連する事項を踏まえ、子どもの育ちを家庭と連携して支援していくとともに、保護者及び地域が有する子育てを自ら実践する力の向上に資するよう、次の事項に留意するものとする。

1　保育所における子育て支援に関する基本的事項
(1)　保育所の特性を生かした子育て支援
　　ア　保護者に対する子育て支援を行う際には、各地域や家庭の実態等を踏まえるとともに、保護者の気持ちを受け止め、相互の信頼関係を基本に、保護者の自己決定を尊重すること。
　　イ　保育及び子育てに関する知識や技術など、保育士等の専門性や、子どもが常に存在する環境など、保育所の特性を生かし、保護者が子どもの成長に気付き子育ての喜びを感じられるように努めること。
(2)　子育て支援に関して留意すべき事項
　　ア　保護者に対する子育て支援における地域の関係機関等との連携及び協働を図り、保育所全体の体制構築に努めること。
　　イ　子どもの利益に反しない限りにおいて、保護者や子どものプライバシーを保護し、知り得た事柄の秘密を保持すること。

2　保育所を利用している保護者に対する子育て支援
(1)　保護者との相互理解

ア　日常の保育に関連した様々な機会を活用し子どもの日々の様子の伝達や収集、保育所保育の意図の説明などを通じて、保護者との相互理解を図るよう努めること。

イ　保育の活動に対する保護者の積極的な参加は、保護者の子育てを自ら実践する力の向上に寄与することから、これを促すこと。

（2）　保護者の状況に配慮した個別の支援

ア　保護者の就労と子育ての両立等を支援するため、保護者の多様化した保育の需要に応じ、病児保育事業など多様な事業を実施する場合には、保護者の状況に配慮するとともに、子どもの福祉が尊重されるよう努め、子どもの生活の連続性を考慮すること。

イ　子どもに障害や発達上の課題が見られる場合には、市町村や関係機関と連携及び協力を図りつつ、保護者に対する個別の支援を行うよう努めること。

ウ　外国籍家庭など、特別な配慮を必要とする家庭の場合には、状況等に応じて個別の支援を行うよう努めること。

（3）　不適切な養育等が疑われる家庭への支援

ア　保護者に育児不安等が見られる場合には、保護者の希望に応じて個別の支援を行うよう努めること。

イ　保護者に不適切な養育等が疑われる場合には、市町村や関係機関と連携し、要保護児童対策地域協議会で検討するなど適切な対応を図ること。また、虐待が疑われる場合には、速やかに市町村又は児童相談所に通告し、適切な対応を図ること。

3　地域の保護者等に対する子育て支援

（1）　地域に開かれた子育て支援

ア　保育所は、児童福祉法第48条の4の規定に基づき、その行う保育に支障がない限りにおいて、地域の実情や当該保育所の体制等を踏まえ、地域の保護者等に対して、保育所保育の専門性を生かした子育て支援を積極的に行うよう努めること。

イ　地域の子どもに対する一時預かり事業などの活動を行う際には、一人一人の子どもの心身の状態などを考慮するとともに、日常の保育との関連に配慮するなど、柔軟に活動を展開できるようにすること。

（2）　地域の関係機関等との連携

ア　市町村の支援を得て、地域の関係機関等との積極的な連携及び協働を図るとともに、子育て支援に関する地域の人材と積極的に連携を図るよう努めること。

イ　地域の要保護児童への対応など、地域の子どもを巡る諸課題に対し、要保護児童対策地域協議会など関係機関等と連携及び協力して取り組むよう努めること。

〈文　献〉

厚生労働省：「平成29年告示保育所保育指針」（2017）

厚生労働省：「保育所保育指針解説書」（2017）

（髙田　綾）

SECTION 2　地域子育て支援の取り組み

（1）保育所における地域子育て支援の取り組み状況

　　　現状として，保育所では，本来業務の保育活動や在園児家庭向けの子育て支援活動に加えて，地域の子育て家庭を対象とした支援活動をどの程度どのような内容で行っているのだろうか。

　　　ベネッセ次世代育成研究所が2012年に行った調査では，具体的な13の活動項目に分けて，幼稚園・保育所および認定こども園における子育て支援活動の実施率を報告している

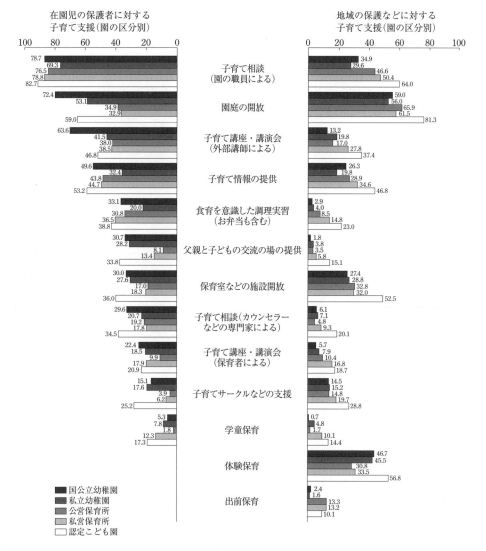

注1）複数回答
注2）「体験保育」と「出前保育」は在園児の保護者に対してたずねていないため，データはない。

図4－2　子育て支援活動の実施率
出典：ベネッセ次世代育成研究所：「第2回幼児教育・保育についての基本調査報告」（2013）

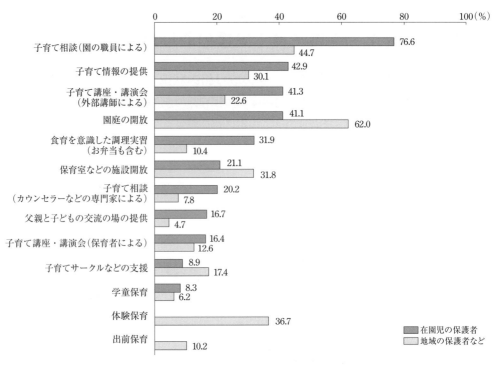

図4－3　園が実施している子育て支援（全体値）

注1）複数回答
注2）「体験保育」と「出前保育」は在園児の保護者に対してたずねていないため，データはない。

ベネッセ次世代育成研究所「第2回幼児教育・保育についての基本調査報告書」2013
第3章　第2節　子育て支援活動の実態より

（図4－2）。園の区分別にみると，全体的に認定こども園における実施率が高くなっているが，これはもともと認定こども園が幼稚園と保育所の機能を併せもつことに加えて地域の子育て支援機能をもつことを設立の理念としているため，こうした活動をより積極的に取り組んでいるのではないかと推察される。幼稚園や認定こども園よりも保育所（公営・私営）での実施率が高かったのは，「出前保育」（約13％）のみであった。また，私営保育所では1割程度の園が「学童保育」に取り組んでおり，乳幼児の子育て家庭に限らず幅広い子育て支援活動が行われていることがわかる。また，地域の保護者などを対象とした子育て支援活動の実施率（全体値）における上位5位は「園庭の開放」（62％），「子育て相談（園の職員による）」（44.7％），「体験保育」（36.7％），「保育室などの施設開放」（31.8％），「子育て情報の提供」（30.1％）となっている。保育所（公営・私営）のみの子育て支援活動の実施状況をみた場合にも，この5つが上位を占めており，これらは比較的取り組みやすく，現状として多くの園で実施されているようである（図4－3）。

　一方，一時保育は児童福祉法の改正により平成21年度から一時預かり事業として実施されるようになった。これは「家庭において保育を受けることが一時的に困難となった乳児又は幼児について，厚生労働省令で定めるところにより，主として昼間において，保育所，認定こども園その他の場所において，一時的に預かり，必要な保護を行う事業」（児童福祉法第6条の3第7項）と規定されているが，保護者の出産・病気・冠婚葬祭，習い事，ショッピング，美容院などのほか，育児疲れで子どもから離れたいときなど，理由を問わ

ず利用できるものである。現状として，7,903か所(平成25年度交付決定ベース)で実施されている。

　以上のように，多くの保育所が園の実情，地域の実情に合わせて，地域の子育て家庭を対象とした多様な支援活動を行っている様子がうかがえる。しかし，地域子育て支援活動の担い手は保育所だけではない。保育所はもとより，多様な支援の担い手など地域の子育て支援の資源が次第に蓄積されつつある。保育所は，地域における支援ニーズすべてを一身に引き受けるのではなく，地域にあるさまざまな資源と協働しながら子育て支援を展開していくべきである。保育所がそれぞれの機能を生かしながら，さらに積極的に，質量ともに充実した地域子育て支援活動を展開していくと同時に，地域に存在するさまざまな資源と協力・連携しながら，地域の子育て支援システム・ネットワークの構築に向けた「拠点」として機能し得るように，より一層の努力が期待される。

(2) 地域子育て支援拠点事業への取り組み

A. 地域子育て支援拠点事業

　地域子育て支援事業(図4−4)への取り組みはまた，保育所に期待される重要な社会的役割の一つである。本事業は，保育所地域活動事業(1989)，保育所地域子育てモデル事業(1993)，地域子育て支援センター事業(1995)，つどいの広場事業(2002)，などを経て2007(平成19)年より再編・統合されたものであり，「ひろば型」「センター型」「児童館型」の3つの子育て支援拠点の整備を推進してきた。しかし，全国の実施か所数(交付金決定ベース)は，2007(平成19)年度の4,386か所から2015(平成27)年度には6,818か所へと漸増したものの，目標とされていた10,000か所(中学校区に1か所)には7割弱しか及んでいない。また，各拠点の実施形態や支援内容は多様化していることをふまえ，2015年には，本事業のさらなる拡充に向けた①機能別実施形態の再編(「一般型」・「連携型」)と，②機能強化を図る実施形態の創設(「一般型」に利用者支援機能と地域支援機能を追加した「地域機能強化型」)

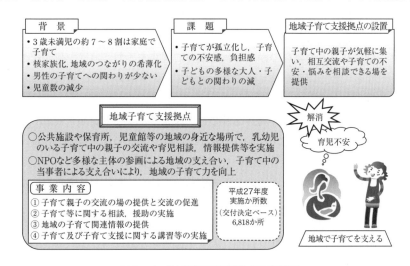

図4−4　地域子育て支援拠点事業概要

出典：厚生労働省

がなされた(図4-5)。

　本事業は，公共施設や児童福祉施設(保育所，児童館等)をはじめとした地域の身近な場所で，市町村，社会福祉法人，NPO法人，市民団体など多様な担い手によって実施されているが，特に保育所を含む従来の「センター型」の拠点には「地域機能強化型」の支援拠点へとステップアップしていくことが期待されている。すなわち，これまでの取り組みに加えて，子育て家庭が適切な子育て支援サービスを選択できるよう情報を集約・提供したり(利用者支援)，世代間交流や訪問支援，地域ボランティアとの協働などにより地域での子育て支援の基盤を構築・再生すること(地域支援)にさらに意欲的に取り組む拠点として機能することが求められている。これらの地域子育て支援機能強化を担う主体としての子育て支援従事者(保育士を含む)専門性をいかに高めていくかが今後の課題といえるだろう。

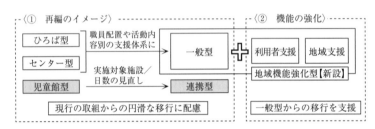

図4-5　地域子育て支援拠点事業再編のイメージ
出典：厚生労働省

B．地域子育て支援活動の推進

　それでは，保育所が実際に園や地域の実情に合わせた独自な地域子育て支援活動を推し進めていくために，どのような配慮や姿勢が求められるのだろうか。
　山縣(2009)は，地域子育て支援活動に積極的に取り組んでいる全国8か所の保育所のユニークな具体的事例を挙げながら，それらの事例にみられる「力」として，以下の7つを挙げている。

① 活動情報を発信する力：情報媒体の多様化，理解しやすく，使いやすい情報発信の方法の開発，工夫など。
② 地域や親子の姿をつかみそれを事業に展開する力：地域で何か起こっているかに敏感になること，問題を発見する力，アセスメント能力，問題解決するために事業に企画する能力など。
③ 親子の心に寄り添い成長を育む力：保護者の安心をかうサービス，親子という視点だけでなく親個人に向かう視点，親がリフレッシュできる機会の提供，親同士の交流を図ること，親子の目線や文化を共有することなど。
④ 地域特性に合わせて活動を工夫する力：日常性や地域性を重視した活動，より生活に密着した活動，地域環境を子育て支援活動に取り入れることなど。
⑤ 制度を呼びこむ力：国・市町村の制度に常にアンテナをはり，取り組みが必要な事業や取り組み可能な事業を自園に導入することなど。
⑥ 地域資源を呼びこむ力・創り出す力：園を拠点として地域を巻きこんでいくために，地域にある各種の社会資源を呼びこんだり，自ら社会資源を創出することなど。

⑦ チームで仕事をする力：保育所内スタッフにおけるチームの編成，地域全体でチームを組むという姿勢，ネットワークの形成など。

C. 地域子育て支援活動プログラムと保育所の役割

　地域における子育て支援のネットワークを形成するために，特定の地域の中に用意されるべき子育て支援活動として，どのような種類のプログラムが想定されるのだろうか。また，保育所はそこでどのような役割を担うべきだろうか。

　山縣ら(2008)が行った子育て家庭・保育所・支援団体を対象とした実態調査の報告によると，アンケートおよびヒアリング調査の結果，保育所と地域が協働して子育て支援活動を実施していく際に，保育所が取り組むべきプログラムとして，以下の4つのタイプの活動プログラムが見出されたという(図4-6参照)。

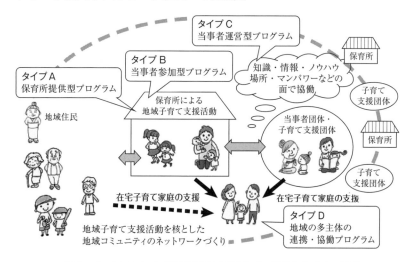

図4-6　4つのタイプの子育て支援活動プログラムのイメージ図
出典：全国社会福祉協議会：「保育所と地域が協働した子育て支援活動研究事業調査報告書」, p.24, (2008)

コラム(出典：YOMIURI ONLINE 読売新聞2008年9月26日)

① タイプＡ：保育所提供型プログラム（地域の親が安心して子育てできるよう，保育所の活動を地域に開き，伝える活動）

② タイプＢ：当事者参加型プログラム（保育所提供型プログラムの運営に当事者も参加する活動）

③ タイプＣ：当事者運営型プログラム（当事者が自立的に立ち上げ，運営している活動に保育所が協働する活動）

④ タイプＤ：地域の他主体との連携・協働プログラム（自立的に運営している当事者・当事者グループや，当事者以外の地域の活動主体と保育所がネットワークを組み，連携・協働していく）

　ここでは，「保護者の主体性」「保護者の自己決定・参加・相互支援等」が強調されており，保育所の役割は「保護者と対等の関係を結び，保護者同士や多様な社会資源とのつながりを側面から支援していくこと」であるとしている。また，「協働とはまちづくりである」として，保育所は，保護者との関係を結びながら，同時に保護者と地域との関係を結びつけることが大切であり，そのような努力の積み重ねによって，地域子育て支援活動を核とした地域コミュニティづくりが可能になると提案している。

　最後に，コラムに挙げた山東保育園の試みには，これまで述べてきたような視点が随所にみられるので事例として参考にされたい。

（新開よしみ）

（3）　地域子育て家庭への支援

　地域子育て家庭に対する支援は，地域子育て支援拠点事業「ひろば型」および「センター型」，児童館，保健所および福祉保健センター，保育所，母子生活支援施設などがそれぞれの機能を活かして充実がめざせるようになっている。また，ファミリーサポートセンターは地域住民が相互に助け合える仕組を運営している。さらに，一般の子育てサービスを利用することが困難な家庭には，育児支援家庭訪問事業として，保健師，助産師，保育士，児童指導員などが関わっている。

●地域子育て支援拠点事業（表4−2）

・ひろば型，センター型，児童館型が共有する基本事業は，つどいのひろば事業の基本事業が継承された。その後，図4−4，図4−5の表記のように拠点事業の充実が図られてきている。

・事業実施において3つの形態に共有される独自の倫理，基本姿勢，方法が求められている。そのため，ガイドラインの策定が検討されている。

●保育所の地域子育て支援（表4−2）

　・保育所の特性を生かすことが強調される。

　・保育所保育指針に示される倫理，技術，知識に基づく実践である。

　参考までに拠点とは，「活動の拠り所になるところ」（広辞苑第6版）

　保護者が，子育ての一時期に地域子育て支援事業を活用し，足がかりとして，やがて地域の人たちとつながり，地域の資源を自ら活用しながら地域のなかで子育てをしていく。その過程を支えるという視点が重要である。

表4-2　地域子育て支援拠点事業と保育所における地域子育て支援の比較

	地域子育て支援拠点事業	保育所の地域における子育て支援
	児童環境づくり基盤整備事業〔1997（平成9）年（年）児発第396号〕	保育所保育指針
	平成19年（2007年）　雇児発第0507002号	平成20年厚生労働省告示第141号
趣　旨	少子化や核家族化の進行，地域社会の変化など，子どもや子育てをめぐる環境が大きく変化する中で，家庭や地域における子育て機能の低下や子育て中の親の孤独感や負担感の増大等といった問題が生じている。このため，地域において子育て親子の交流等を促進する子育て支援拠点の設置を推進することにより，地域の子育て支援機能の充実を図り，子育ての不安感等を緩和し，子どもの健やかな育ちを促進することを目的とする	保育所は，児童福祉法第48条の規定に基づき，その行う保育に支障がない限りにおいて，地域の実情や当該保育所の体制等を踏まえ，次に掲げるような地域の保護者等に対する子育て支援を積極的に行うよう努めること
事業内容	ひろば型，センター型及び児童館型において，以下に掲げる取り組みを全て実施すること (1)子育て親子の交流の場の提供と交流の促進 (2)子育て等に関する相談，援助の実施 (3)地域の子育て関連情報の提供 (4)子育て及び子育て	• 地域の子育ての拠点としての機能 (ア)子育て家庭への保育所機能の開放 (イ)子育て等に関する相談や援助の実施 (ウ)子育て家庭の交流の場の提供及び，交流の促進 (エ)地域の子育て支援に関する情報の提供 • 一時保育
事業の実施方法（抜粋）	• 地域支援活動の実施 (1)から(4)に加えて，地域全体で子育て環境の向上を図るため，関係機関や子育て支援活動を行っているグループ等と連携を図りながら，以下に掲げる取組を必ず実施すること • 子育て支援を必要とする家庭等の支援のため，公民館，公園等の公共施設等に出向いて，親子交流や子育てサークルへの援助等の地域支援活動を実施	• 市町村の支援を得て，地域の関係機関，団体等との積極的な連携及び協力を図るとともに，子育て支援に関る地域の人材の積極的な活用を図るよう努めること • 地域の要保護児童への対応など，地域の子どもをめぐる諸課題に対し，要保護児童対策地域協議会など関係機関等と連携，協力して取り組むよう努めること

　そして，ここでは地域子育て支援に最も深く関わることの多い保育所を例に，以下具体的な援助実践について紹介する。

　通常業務としての保育とともに，地域子育て支援保育所の重要な役割・機能として位置づけられて経過した。けれども，保育を本来業務として位置づけ，地域子育て支援を補助的業務とする傾向は，まだ非常に強く，全体業務に占める割合は決して高くない。

　2008（平成20）年に改定された保育所保育指針は，まず地域における子育て支援を，「通常業務としての保育に支障がない限りにおいて」「積極的に行うように努めること」と記している。子育て支援業務の比重は高まっており，これに関わる人的，物理的，社会的体制の強化は高まりつつある。加えて，2017（平成29）年改定，保育指針後もいっそう重要なものとなっている。

　保育所には，地域の子育て支援においても保護者との連携，支援，地域関係機関との連携など保育の専門的機能を積極的に展開することが求められている。

A．地域子育て支援の原則

　児童福祉法第48条の4は，「保育所は，当該保育所が主として利用される地域の住民に

対して，その行う保育に関して情報の提供を行い，並びにその行う保育に支障がない限りにおいて，乳児，幼児等の保育に関する相談に応じ，助言を行うよう努めなければならない」と定めている。

相談・助言は，保護者支援に欠かせない専門的機能であり，法律の条文は，保育所における通常業務である保育に支障をきたさない範囲で，これを行うことを明記している。近年，地域子育て支援の役割が一層重視されてきている状況をふまえ，地域子育て支援の意義を認識し，積極的に取り組むことが必要とされている。特に児童福祉法第21条の9で定められている子育て支援事業のうち，第2号の「保育所その他の施設において保護者の児童の養育を支援する事業」のように，保育所の特性を生かした取り組みが求められている。

地域におけるさまざまな子育て支援活動と連携し，それぞれの地域の特徴，保育所の特性をふまえ，それを生かしてすすめることが大切である。

また，保育所に加えて認定こども園も地域における子育て支援に深く関わることが求められている。

B. 子育て支援の内容

1) 地域における子育ての拠点としての機能

地域における子育ての拠点としての機能には，

① 地域の子育て家庭への機能の開放（施設及び設備の開放，体験保育など）
② 地域の子育て等に関する相談や援助の実施
③ 地域の子育て家庭の交流の場の提供及び交流の促進（行動見本を具体的に提示）
④ 地域の子育て支援に関する情報の提供（食事，排泄などの生活習慣の自立に関する遊びや道具の使い方，園便り，給食レシピなど）

などが求められている。

なお，一時保育を実施する場合には，地域のニーズの把握と，市町村と緊密な連携が求められている。

2) 活動場面

子育て支援は，さまざまな場面を捉えて行われる。食事や排泄などの基本的生活習慣の自立に関することや，遊びや玩具，遊具の使い方，子どもとの適切な関わり方などについて，一人ひとりの子どもや保護者の状況に応じて，具体的に助言し行動見本を提示する。

具体的なプログラムとしては，親子遊び，離乳食づくり，食育を伴うさまざまな育児講座や体験活動，給食の試食会などがある。特に食育に関わる支援活動は，食育の推進の趣旨と関連させて行うことにより，地域子育て支援にも役立つことが期待されている。保育士，看護師，栄養士，調理員などの職員が配置されているという保育所の特性を生かして，これらの専門職員がその専門性を基盤として子育て支援に関わることが重要である。

子育て家庭が，気軽に訪れ，見学や相談などができる保育所が身近にあることは，子育てをするうえでの安心感につながり，育児不安を和らげ，虐待を防止することにつながる。

C．地域子育て支援の連携

1） 地域保育資源としての連携と人材活用

　地域子育て支援は保育所や，幼保連携型認定こども園単独で行うもののほか，市町村，保育や子育て支援に関わる関係機関や関係者と連携して行うもの，それらの関係機関等が単独で実施するものがある。

　児童福祉法第21条の9で定められている市町村が行う子育て支援事業は，以下の3つである。活動の実施においては，関係機関，専門機関関係者の状況などを把握して，地域の実情に応じた子育て支援を実施することが望まれる。

① 　活動の実施に際して，特に連携や協力を必要とする地域の関係機関や関係者としては，児童相談所，福祉事務所，保健センター，療育センター，小学校，中学校，高等学校，児童委員，ひろば型，児童館，家庭的保育（保育ママ），ベビーシッター事業，ファミリーサポートセンター事業，関連NPO法人などを挙げることができる。地域の特徴をよくふまえて，また関係機関，専門機関，関係者の状況などを把握して，地域性に応じた子育て支援を果たすことが望まれている。

② 　保健センターとの連携として，1. 3, 6歳児健診，予防接種，地域の保健情報などを保護者に提供する。保健所を通しての保育や保護者支援に対して保健師などの巡回指導もある。保育士が保健所での健診に出向き手伝うところもあり，地域の保護者が園に出向くきっかけにつながる場合もある。

2） 地域の子育て力向上

　地域の子育て支援は，子どもの健全育成のためにも有効である。中学・高校生を対象とした「赤ちゃんとのふれ合い交流事業」や保育体験など，次世代育成支援の観点から，将来に向けて，地域の子育て力の向上につながるような支援を展開していくことが求められている。

　保育所においても，乳幼児，小学生・中学生，高校生，青年，そして高齢者を含む多様な年齢層を視野に置き，世代間の交流を図りながら，子育ての知識，技術を伝え合うなど，人と人とのゆるやかなつながりを大切にしていくことが求められている。

　そして，地域の人がもっているさまざまな力を引き出し，発揮されるよう後押ししていくことや，地域に存在するさまざまな人を結びつけていくといったことなどが保育所に期待されているといえる。子育て支援に関わる活動を展開していくなかで，人と人との関わりを通して，地域社会の活性化に寄与していくことが求められており，実施園も増えてきている。

3） 互恵性を育む，赤ちゃんとのふれ合い交流事業

　少子化対策の一環として策定された「子ども・子育て応援プラン」には「命の大切さ」「子ども・家庭の理解」を推進するために中学・高校生と赤ちゃんとの出会い・ふれ合い交流を実施することが挙げられた。2017（平成29）年，内閣府，文部科学省，厚生労働省は「乳幼児触れ合い体験」を次世代育成支援対策推進法第7条第1項として本体験内容を市町村行動計画推進事項とした。

　保育士や看護師が小学校や中学校に出向き，事前・事後学習を含めて授業に取り組むこ

とにより，児童・生徒が赤ちゃんや子育てへの関心を高めたり，保護者との関わりを深めたりといった交流の効果が実践されている。

また，保育所においても，ふれ合い交流をとおして，保育所が地域のさまざまな人の輪を広げる一助となっている。

「乳幼児と中学生の交流」から，「家族援助」について，考えてみると，園を一つの家族として見立て，園に行き親子のような疑似体験をすることによって中学生は，乳児の育ちのあり方や発達を理解する。一方，園児はお兄ちゃん，お姉ちゃんへのあこがれから，異世代交流に抵抗が少なくなる。これは，未来の親を育てることになり，育児不安予防・虐待予防につながる。つまり，関わった人々が互いに恵みを感じる，互恵性を育む交流ともいえる。

4) 乳児家庭全戸訪問（こんにちは赤ちゃん）事業

各市町村において，生後4か月までの乳児のいるすべての家庭に，児童委員や子育て支援者が訪問し，相談や援助に応じたり情報提供したりする事業が開始された。この通称「こんにちは赤ちゃん事業」では，乳児のいる家庭と地域とをつなぎ，子育て家庭が孤立することなどを防ぐことを目的としている。また，訪問した家庭の育児に対する疑問に応えながら，保育園訪問などにつなげて，子育て家庭への継続的な支援や関係者同士の連携が求められており，2008（平成20）年11月の児童福祉法改正により法定化された。

D. 地域における関係づくりと問題予防と早期対応

地域における子育て支援は，地域の子どもの育ちや発達への配慮，子育て家庭の養育力の向上，そして，親子をはじめ，さまざまな人との関係づくりを心がけることが大切である。保護者は，地域の人と子育ての喜びを分かち合い，子育てや保育に関する知恵や知識を交換し，子育ての文化や子どもを大切にする価値観などをともに紡いでいく。これを可能にするのが保育所の大切な役割であり，社会的責任ともいえる。

一方，地域の子どもや子育て家庭をめぐる諸問題の発生を早期に予防し，その解決に寄与することも大事である。特に保護を必要とする子どもたちへの対応に関しては，虐待の防止や対応を積極的にすすめ，要保護児童対策地域協議会（子どもを守る地域ネットワーク）との連携に努めることが重要である。新制度に基づく地域のあらゆる保育サービスにおいて，すべての子育て家庭の支援を行い関係機関との連携によってきめ細かな養育支援の役割を果たすことが期待される。

〈文　献〉

ベネッセ次世代育成研究所：「第2回幼児教育・保育についての基本調査報告書」，p. 68 ～ 72, (2013)

厚生労働省資料：厚生労働白書，平成26年度

山縣文治他：「私たちの子育て支援」，p. 72 ～ 75，日本保育協会(2009)

山縣文治他：「保育所と地域が協働した子育て支援活動研究事業　調査報告書」，p. 17 ～ 24，全国社会福祉協議会(2009)

（寺田清美）

SECTION 3　子育て家庭の支援体制・支援の展開と関係機関との連携

(1) ネットワークの重要性

　　あらゆる家庭のニーズや危機的状況をすくい上げるためには，セーフティネットとして社会資源が網の目のように縦横無尽に張り巡らされていることが必要である。そのため，子育て支援において，関係機関との連携は特に重要である。

　　2004年の児童福祉法改正により，都道府県と市町村の役割分担および連携が定められた。(図4-7)従来は児童相談所が児童家庭相談について対応することとされてきたが，児童虐待相談対応件数の急増により，緊急またはより高度な専門性が求められる相談は児童相談所が，育児不安等を背景に身近な子育て相談ニーズには市町村が対応するように定められた。市町村児童家庭相談援助指針において，相談者への数回の面談や電話などで援助が完結するような「助言指導」，継続的な訪問・面接による援助やカウンセリングを行う「継続指導」，より専門的な他機関や児童相談所などにつなげる「他機関の紹介」「児童相談所への送致」が決められている。

　　その他の相談援助機関としては，乳児院や児童養護施設，保育所などの児童福祉施設，自治体や保育所で行う地域子育て支援センター，警察，電話相談，各自治体の取り組みやNPOなどがある。

　　乳児院や児童養護施設などの児童福祉施設においては，地域の養育相談に応じ，必要に応じて関係機関への紹介を行っている。都道府県からの委託により児童家庭相談センターを設置しているところもある。

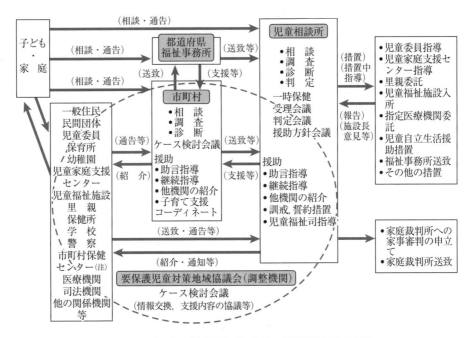

図4-7　市町村・児童相談所における相談援助活動系統図

出典：厚生労働省：「児童相談所運営指針」，(2009年3月31日)

地域子育て支援センターは，1993（平成5）年から展開されているもので，自治体や保育所でベテラン保育士が担当している。育児相談に応じたり，地域の子育てサークルなどの支援，情報提供，家庭的保育者への支援を行っている。

　警察署においては，子どもの電話相談の窓口を設けており，相談業務と各関係機関への連携が行われている。非行，児童虐待問題に関して警察との連携は重要である。

　また，全国でさまざまなNPO（特定非営利活動法人）が育児や子どもの相談活動を展開し，市民レベルの支え合いも活発になっている。

　東京都においては，独自の制度により，子ども家庭支援センターを各区市町村に設置し，展開している。子ども家庭支援センターは市町村の機関として児童相談所や児童福祉施設と連携して，地域児童・家庭への第一次的な相談援助活動を行う。

　なお，平成27年度7月1日より児童相談所全国共通ダイヤル「189」（いちはやく）が開始された。

（2）　保育所と関係機関との連携

　「保育所における乳幼児健全育成相談事業の手引き」では専門機関との連携について，次のように記されている。

　「育児相談を取り扱う専門相談機関としては，公的制度によるものとして，保健所，児童相談所，福祉事務所（家庭児童相談室）等があり，それぞれ所定区域を所管しているが，そのほか民間機関もあり，また，診療所・病院でも行われている。しかし，既存の相談機関等が地域の個々の家庭に潜在している悩みのすべてに対応することは相当に困難である。したがって，相談窓口は必要に応じて多数配置されることが望ましく，さらにそれらが網の目のようにネットワーク化され，相談機関等につながっていることが理想的である。保育所における育児相談事業は，地域の状況からみて数多く必要とされている相談窓口の一翼を担うという位置づけであり，他の公私の相談機関と競合するのではなく，他の相談機関と連携し，地域における相談指導のシステムの中に組み込まれることが期待される。」

　保育所は，制度上，また実践上福祉関係の専門機関との連携が最も多い。児童相談所・福祉事務所・家庭児童相談室や児童福祉施設との連携が基本となるが，2001（平成13）年以降児童委員との連携も重要となっている。また，保健や医療関係との連携も，健康診査・保健指導・医療に関する情報交換や相互協力などの面から不可欠である。

　その他，教育関係，警察・司法関係，市町村や都道府県の行政機関とも連携が必要な場合がある。

　保育所は，児童福祉施設のなかでも最も数が多く，保育の専門職である保育士を一番多く有し，地域の子育てを支援するうえで最も重要な専門機関と考えられている。

　2018（平成30）年施行の「保育所保育指針」では，第4章子育て支援において，保育の特性を生かした子育て支援の重要性を挙げ，家庭や地域の実態をふまえた支援，保育士の専門性を生かした支援，そして地域の関係機関との連携と協働に努めることが記されている。

　具体的には，障害や外国籍家庭など特別な配慮を必要とする家庭への個別支援や，児童虐待への対応や予防という機能が求められている。特に，子どもの虐待が疑われる場合には，関係機関との連携を密にとることが必要である。

（3） 関係機関との連携の事例

事例1　虐待発見を保育所が行い，継続して支援をしているケース

〔関係機関〕
　＊保健福祉センター
　＊生活支援課(子ども家庭支援センターの係長，CW（ケースワーカー），臨床心理士)
　＊保健支援課(保健指導係長，保健師)
　＊児童相談所(児童福祉司，臨床心理士)
　＊保育所(所長，担任保育士)
　＊精神科(医師)

1. 家族構成：父親23歳　母親21歳　男児1歳
2. 経　緯

　保育所には9か月より入所。保育士は1歳頃から，男児の様子が気になっていた。突然周りの子の髪を引っぱる，噛む・叩く，視線が合わないなどの行動があり配慮を要する子どもとして対応していた。保育は，保育士1名がつき目が離せない状態であった。母親は，育児には一生懸命に努力しているようであった。ある日，母親が頭に包帯を巻き登園した。保育士が訊ねると「何でもない，自分で転んだ」と語る。10日程経過した後，「息子におっぱいを与えていると，夫は『それは俺のものだ』と叫び，最近いつも殴るの」と呟く。保育士は，保育所には相談を受けられる体制があることを母親に説明した。同時に所長に母親の様子を伝え，夕方の送迎時間に母親と面接相談を行った。その結果，母親は半年ほど前から夫からの暴力と暴言に困っていること，子どものいるところで暴行し，近所からも苦情がある，ということを語った。その後，所長と保育士は，子どもの気になる様子は，家庭内での環境が大きく起因となっているのではないかと，保育課と子ども家庭支援センター(臨床心理士)へ相談をした。

　臨床心理士は，夫のDVと子どもへの虐待が予想されるため，母親には早急に相談機関に行くように所長からアドバイスをするよう指示する。母親は，臨床心理士と相談することで，将来を見据えた生活が過ごせているようであった。

　数日間連絡なく欠席した翌日，母親が首に包帯を巻いた状態で，子どもと登所した。子どもの様子は泣き叫ぶ状態で，母親から離れようとしない。変化に気づいた保育士は，母親からこの数日間のことを聞くと，母親は，父親の暴力により入院していたこと，自分も子どもを殴ってしまったことなどを語った。保育士は，母親と子どもの状態を所長に伝え，特別な配慮が必要と所長はケア会議の開催を依頼した。

ケア会議1回目　〔関係機関〕
　場　　所：子ども家庭支援センター
　方　　針：DV，母親の心理的ケア，子どもの心理観察など支援サービスを組み立てる。
　　　　　　〈次回開催日を確定し，各機関が役割を分担した〉
　＊保健師：母親にアプローチする。精神科医師へつなぐ(母，子支援)

●SECTION 3　子育て家庭の支援体制・支援の展開と関係機関との連携　85

＊子ども家庭支援センター：DV の対応助言と対策
＊保育課：子どもの心理観察（専門機関からの心理巡回指導による支援）
＊保育所：日々の子どもと母親の観察と助言など。

　ケア会議の役割に基づき，各機関は支援を開始した。保育課による巡回指導では，子どもは虐待（母親）が原因と思われる発達の遅れがみられること，今後の成長とともに，行動に注意すべき点が生じるだろうとの判断であった。保育所では，子どもがだんだん暴力的になってきて他児とのトラブルが増し，保育上の問題も多くなり，1 か月後に再びケア会議が開催された。

ケア会議 2 回目　〔関係機関〕
　場　所：子ども家庭支援センター
　前回の役割により，それぞれの支援内容から，子どもは愛着障害の可能性が高いと判断された。精神科医師，心理士による診察と診断から，この家庭の抱える問題は複雑であり，さまざまな支援と関係機関の連携が必要となった。保育所では，子どもの保育上に必要な保育士への専門指導，母親への保健師の指導と精神科医師のカウンセリング，児童相談所の個別指導などを継続的に行っている。保育所は，子どもの通院に同行するなど保育士として子どもの状況を捉えつつ，保育している。

事例2　保育所で気になる家族を，児童委員が中心となり，地域が支援したケース
〔関係機関〕
　＊子ども家庭支援センター（所長，担当者）
　＊保育園（園長）
　＊民生児童委員
　＊社会福祉協議会（ボランティア担当）
　＊青少年育成委員会（会長）

1. **家族構成**　父親　母親　子ども（小1，5歳，4歳，3歳，1歳）
2. **経　緯**
　(1)　母親は6人目の子どもを妊娠中（9か月）。出産時および出産後の4人の子どもの保育園の送りために，「子ども家庭支援センター」を通してボランティアだよりにボランティア募集の記事を載せた。しかし，区民からの問い合わせはなく民生委員に頼んだが，子ども4人はとても無理だと断られた。
　(2)　母親の出産予定日が近づいていたので，関係機関で話し合いの場をもった。
　・子ども家庭支援センターの所長，担当者，保育園園長
　・社会福祉協議会ボランティア担当　（2人），民生児童委員，青少年育成委員会会長
3. **支援内容**
　(1)　全面的に支援する日　①出産まで　　②産後1か月まで
　(2)　①月曜日，金曜日は保育園が担当　　②火・水・木曜日をボランティアで担当

4. 確認事項

- ボランティアは，保育園に送り，担任保育士に引き渡すまでを行う。
- 朝8：30に出発
- 原則2名で送る。

5. 支援実態

最初の2週間は社会福祉協議会の職員とボランティアの2名で行ったが，3週目からはボランティアのみで行う。

6. 効 果

(1)　子どもと直接関わることにより，ボランティアと子どもとの人間関係が深まり，3月以降も子どもたちの見守りを地域で行うようになる。

(2)　最初の2週間を社会福祉協議会職員(元保育士)がボランティアと一緒に実施したことで，子どもへの接し方も支援することができ，3週目からは自分達で行うと申し出があった。

(3)　母親は地域の方々に助けられたことで，それまで挨拶もしたことがなかったが，地域の人との交流の芽生えがみられるようになった。

(4)　1月11日までは，子どもは保育園を休みがちで栄養状態もあまりよくなかったが，毎日登園するようになり，0歳の子どもは体重が増え，5歳の子どもは友だちとよく遊ぶようになった。

　　幼い子の命に関わることが多い保育所は，子どもの最善の利益の考慮と福祉の積極的増進に最もふさわしい「生活の場」でなくてはならないことを認識し，地域との連携にも配慮していくべきである。

事例3　障害が疑われる子どもを保育園が発見し，療育機関につなげて継続支援しているケース

〔関係機関〕

＊民間保育所(施設長，主任保育士，担当保育士)

＊療育機関(ソーシャルワーカー，医師，心理相談員)

＊精神科の医師

＊小学校(校長)

1. 家族構成：父親(医師)　母親(医師)　K(男児)　弟(2歳下)

2. 経 緯

　Kは生後4か月から保育所入所した。3歳までは，手をひらひらさせる，つま先歩きをするなどの気になる行動はあったが，マイペースで他児との交流はあまりなく，特にトラブルはなく過ぎていった。お迎えの人がいつもと違うとぐずるなど，人へのこだわりは強かった。

　4歳頃から，他児とのトラブルが続出し始めた。特に同じクラスの子どもの顔を平手打ちする行為は，どんどんエスカレートしてクラスでも対応に困る。ひとりで物語などをぶつぶつ言ったり，部屋をぐるぐる回ったり，落ち着かなくなった。ある日，連絡ノートに子どもの様子を心配する祖母の話が書かれていたのをきっかけに，ようやく第1回面談が

●SECTION 3　子育て家庭の支援体制・支援の展開と関係機関との連携　87

もたれた。

第1回目面談　〔保育園の主任保育士，担当保育士〕

　保護者にKの保育所での様子を知らせた。また，家庭での様子を聞くとわざとおもらしをしたりして家族を困らせている様子がわかった。母親が知り合いの精神科の医師に相談することで話し合い終了。

　精神科の医師の助言は得られたが，他児を叩く行動は改善されず。3か月後に第2回目面談を行った。

第2回目面談　〔園長・主任・担当保育士〕

　Kの行動特性のつま先歩き行動に着目して，療育機関を紹介した。

　療育機関でのさまざまな検査を経て「高機能自閉症」と診断された。療育機関からの巡回指導(ソーシャルワーカー)も行われた。しかし，叩く行動は改善されなかった。

第3回目面談　〔園長・主任・担当保育士〕

　保護者が本児を「しつけのために叩いている」ことがわかった。

　保育所から療育機関のソーシャルワーカーに「保護者は，しつけのために本児を叩いているらしい」との情報を入れた。療育機関では，保護者との面談で事実を確認のうえ，保護者に助言をした。「高機能自閉症の子どもは，叩かれたことだけが記憶に残り，なぜ叱られたのかはわからないので，叩いてしつけることは意味がない。」

第4回面談〔園長，主任，担当保育士〕

　専門家からの助言を聞き，家庭で子どもを叩いたりするのはやめたとの報告があった。また，この子は病気なのだと理解し，子どもに合わせていくよう方針を変えることにしたとの話があった。

　この後保育所では，新年度になりクラスが変わったが，すっかり落ち着いて，クラスの子どもの顔を平手打ちする行動はほとんどなくなった。また会話ができるようになってきた。しかし，音楽によっては，耳をふさいで机の下にもぐるなどの行為は残った。

　その後，療育機関での相談は継続され，就学時健診の前には小学校の校長との面談を経て，小学校に無事に入学した。入学後も落ち着いて過ごしている。週1回の通級指導学級も2年目には不要になったとのことである。

事例4　保育所の一時保育と保健センターの連携ケース

　一時保育に預けられたM(2歳児)は，みんなと同じ行動ができず，紙芝居のときも他の子どもが見ていても，ひとり離れてごろごろしている。言葉が出ないだけでなく，言葉の理解が悪いので保育士は気になっていた。

　お迎えのとき，おかあさんがそっと「どうでしたか？うちの子どもはちょっと遅れてませんか？」と尋ねてきた。やはり気にしていたのだとわかり，保育士は保健センターの保健師に相談してみるように勧めてみた。おかあさんは「よかったです。相談する人がいなくて困ってたんです」母親は保育士の言葉に後押しされて保健師に相談をすることにした。

事例5 地域子育て支援センターと保健センターの連携のケース

　壁に沿ってぐるぐる走っているO（2歳児）は，線があるとそれが気になってしかたがない。名前を呼んでも戻ってこないし，みんなのなかで目立っていて，母親も辛そうにしていた。支援者の保育士が声をかけた。「お母さん一人で悩むのはつらいよね。言葉がちょっと遅い子が親子で遊べるグループがあるから，保健センターの保健師さんに相談してみたら？」と情報提供をした。お母さんは涙ぐみながらうなづき，保健センターに連絡をした。同じ悩みをもつ親子のグループでお母さんは頑張っている。

事例6 保健センターと病院，保育所の連携ケース

　保健センターでの相談。うつ病の病歴のある母親は，2歳のときに自分も親から虐待を受けていたという。「自分の子が2歳の今，自分も虐待しそうで怖い」母親は夜は不眠症で寝られず，昼間は怒り出すと止められないという。子どもも情緒不安定で，他児とすぐにトラブルとなり大きな声でわめくのが気になった。相談を継続し，保健師も時々訪問した。並行して，母親の病気について医師の診断書をもらい，子どもを保育園に入れるように段取りをした。朝が起きられないから保育園に連れていけないかもしれないと不安をいうが，とにかく保育園に入ることができた。子どもから一定時間離れることにより気持ちにゆとりができ，母親は少し明るくなった。子どもが3歳になり2歳の不安は乗り越えることができた。

〈文　献〉

網野武博編著：「家族援助論」，建帛社（2002）

林邦雄・谷田貝公昭監修，髙玉和子編：「児童家庭福祉論」（2010）

寺田清美：「福祉心理学研究　第8巻」（2011）

（小泉左江子／寺田清美）

CHAPTER 5

要保護児童およびその家庭に対する支援

━ SECTION 1 ┃ 子ども虐待への理解と対応，援助

（1） 子ども虐待の現状

　　親の養育を受けることができない児童，すなわち「保護者のない児童又は保護者に監護させることが不適当であると認める児童」（『児童福祉法』第25条）を総じて要保護児童という。古くは孤児・棄児が中心であったが，後には身体または精神の発達に障害をもつ子どもや，反社会的あるいは非社会的行為を伴う児童の問題が目立ち，最近では虐待を受けた子どもがその中心となってきている。学齢期の不登校，引きこもりなどとも関連があり，要保護児童の個々の状況やサポートに関わる専門家の範囲は，より広く考えていく必要がある。また，専門機関による保護が必要であると同時に，保育所・幼稚園などにおける対応も非常に大切である。

　　現在，何をおいても優先的に保護すべき子どもは，子ども虐待（児童虐待）の犠牲となっている子どもたちである。子ども虐待の相談件数は増加し続けており，深刻な虐待事案も多発している。肉親による虐待，その他の大人による虐待のどちらも起こりうるが，特に「家」という厚い壁に隠れて行われる子ども虐待は周りに気づかれないまま子どもたちの心と身体に深く傷をつけ，生命の危険にまでおよぶ可能性がある。子ども虐待の犠牲となった子どもたちは，どのような生活を送ってきたのだろうか。虐待を受けた児童の証言を紹介しよう。

> **事例**　児童の証言　＊家族構成：実父，実母，男児2人，女児1人の5人家族
>
> ---
>
> 　　ぼくはA市に住んでいました。父と母は毎日のごとく，けんかをしていました。母は夜になると，仕事へいってしまいます。父は妹には，すごくやさしく，ぼくたち2人（本児とその弟）にはきびしかったです。夜は，テレビをみています。すぐにねちゃうとおねしょをするので12時〜2時ぐらいまでおこされました。いねむりをすると，はえたたきのぼうになわとびを何本もきったものをぼうにつけ，むちを作り，ぼくたち2人をたたきました。顔や背中をたたかれました。それでもだめなばあいは，外に出され，立たされます。ときどき，水もかけられます。とてもつらかった。（中略）弟は，とてもうるさかったので，おふろばにはりがねでつながれていました。ぼくは，父から，「こいつにめしなんかくわすんじゃねえぞ」といわれていましたが，かくれてはくれていました。妹がそれを見ていて，それを父に言ってしまい，ぼくまでおこられたことが何回かありました。ぼくは，妹とは，あまりしゃべりませんでした。弟は，食べずにおふろばにいれられていました。
>
> （O児，13歳の証言，斎藤学：「子供の愛し方がわからない親たち」参照）

対応：これは，実際に虐待を受けた子どもによって後に記された文章である。後に父親がある病院の敷地内に次男を置き去りにし，このことから翌日父親が逮捕され，長男と長女は保護されて児童養護施設への入所措置がとられている。この事例では3人の子どもが直接的・間接的に虐待を受けていると考えられるが，この例のように複数の子どものうち，特定の子どもに虐待の鉾先が向くことはめずらしくなく，小さな次男が主な虐待の対象となり，一方長女は加害者である父親に特別扱いされると同時に利用されている。このように，虐待にはさまざまな行為が含まれており，子どもたちの心身に与える影響は測り知れない。

ところで，この事例では次男の置き去り事件が起きたことから子ども虐待の事実が確認されたが，家庭という壁のなかで行われる虐待は発見が難しく，「虐待ではないか？」と思われても，虐待であると判断することがためらわれることが多い。そのため，発見されていない虐待も相当数あると考えられ，子ども虐待の実態を正確に把握することは難しい。たとえば，児童相談所での「児童虐待相談の相談対応件数」（図5－1）をみると，わが国において子ども虐待に関する相談件数が明らかに増加し続けていることがわかる。相談対応件数，すなわち児童相談所が相談を受け，面接などをした件数をまとめたもので，統計をとりはじめた1990（平成2）年以降その数は増え続け，特に90年代後半以降急激な増加がみられる。2014（平成26）年度は88,931件で，前年度に比べ15,129件増加している。

このように，子ども虐待の通告や相談は年々増え続けている。虐待への関心の高まりから相談や通報が増えてきたことが主な原因と考えられているが，虐待そのものも増えている可能性がある。また，重篤なケースが増えており，社会的注目を集めている。厚生労働省の調査では，2004（平成16）年に年間58人であった虐待による子どもの死亡数が，2007（平成19）年は142人まで増加し，その後減少しつつあるが，2014（平成26）年でも71人と，依然として多数報告されている。このような現状をみると，子ども虐待は"ごくまれで特殊なケース"ではなくなってきており，保育士や幼稚園教諭など子どもに関わる仕事をし

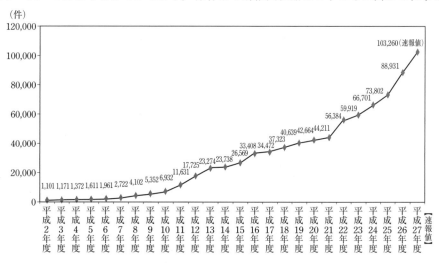

図5－1　児童相談所における児童虐待相談対応件数の推移
出典：厚生労働省：「平成27年度　児童虐待相談の相談対応件数」を参考に筆者作成

ている人々であれば誰もが，いつ，どこで出合ってもおかしくないケースであると考えておくべきである。子どもや保護者からのSOSのサインに敏感に気づくことのできる資質と正しい知識を身につけ，適切に対応できるようにしていきたい。

さて，子ども虐待は，保護者（親，または親にかわる養育者）によって子どもに加えられた不適切な行為で，表5−1のように分類されるが，ほとんどの場合複数の虐待行為が重複して起こっている。

表5−1　虐待の種類

虐待の種類	内　　　容
身体的虐待	子どもの身体に外傷を負わせるような行為（たたく，蹴る，火傷をさせるなど），または生命に危険のある暴行を加えること（首を絞める，溺れさせる，激しく揺するなど）
性的虐待	子どもに対してわいせつな行為をすること，または子どもにわいせつな行為をさせること（性器や性行為を強制的に見せること，性的行為そのものの強要，ポルノグラフィーの被写体になることを強要することなど）
ネグレクト（保護の怠慢・放置）	子どもの成長や健康保持を妨げるような行為（食事をさせない，入浴や着替えをさせない，病気であっても病院に連れて行かないなど），長時間部屋に閉じ込めたり放置したりすること，同居人による子どもへの虐待の放置など
心理的虐待	子どもに対する暴言（特に「おまえなんかいらない」など心が傷つくような言動）または拒絶的な対応（無視，兄弟間の差別的な対応など），家庭内での他の家族への暴力や虐待を子どもに見せることなど

出典：「児童虐待の防止等に関する法律（児童虐待防止法）」および日本子ども家庭総合研究所編：「厚生省子ども虐待対応の手引き」，有斐閣(2001)，pp.14〜15などをもとに作成

どのくらいの期間虐待を受けているかをみると（図5−2），東京都の調査（2001〜2003年度）では，1年以上の長期にわたり虐待を受けている子どもが3割近くなっている。外見上発見しやすい「身体的虐待」や，子どもの服装や健康状態などから周囲による発見が可能な「養育の放棄・怠慢」であっても，虐待が発見されるまでにかなりの時間がかかっているという結果である。虐待を受ける期間が長くなると，当然子どもの心身への影響はより深刻であるため，虐待をいち早く発見し，防止していくことが喫緊の課題である。

次に，虐待を受けた子どもの年齢分布をみてみると，3歳児を頂点として0歳〜8歳（小

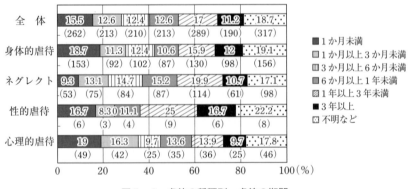

図5−2　虐待の種類別　虐待の期間

出典：東京都福祉保健局：『児童虐待の実態Ⅱ（白書）—輝かせよう子どもの未来，育てよう地域のネットワーク—』，p.16，(2005)

学3年生)までが多く，特に0歳から就学前の乳幼児が全体の半数以上にのぼっており，逃げたり抵抗したりすることの困難な，年齢が低い子どもほど虐待の対象となりやすいことがうかがえる。子ども自身は不適切な養育を受けていることに気づかないまま育っている場合も多く，周囲の大人が気づき，保護していく必要がある。

(2) 子ども虐待につながる要因

虐待が起きてしまう要因は複雑にからみ合っており，どの要因が直接的に虐待を引き起こすかということは決して断定できるものではないが，これまでに行われてきた調査からはいくつかの視点が挙げられている。

先の調査では，子ども虐待という事態に特につながると思われる家庭の状況として，「経済的な困難」が最も多く，続いて「ひとり親家庭」，「夫婦間の不和」，「育児疲れ」，「親族・近隣・友人からの孤立」が多かったという(図5-3)。最近の事件をみても，失業・低所得・不安定就労・周囲からの孤立などからくる親のストレスが，思うようにいかない育児のいら立ちと重なり，子どもへの暴力や養育放棄に至る例が多いことがわかる。また，現在都市部での児童虐待の相談件数が比較的高い割合で報告されているが，虐待そのものの発生率が高いというよりは，都市部のほうが比較的発見・通告される割合が高いためとも考えられるだろう。

なお，この調査では，虐待の行われた家庭の世帯構成の特徴として，二世代家族(核家族)が全体の84.3%を占め，三世代家族は7.2%に過ぎないことが指摘されている(調査時の東京都「平成11年度社会福祉統計年報」によれば，都全体の世帯では三世代家族は15.5%であり，これと比較すると三世代家族での虐待発生の割合が低いことがわかる)。核家族で，他の家族の協力を得にくく，子育てを一人でしなければならない家庭である場合に子育てに悩むリスクが高いものと考えられる。

ただし，これらの要因のいずれかが存在していたとしても多くの家庭は，その状況を乗

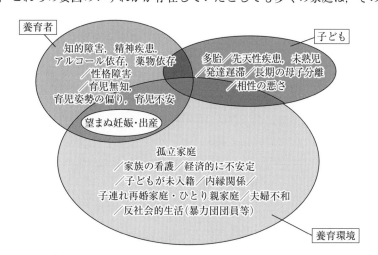

図5-3　子ども虐待につながる可能性のある要因

出典：厚生労働省：「子ども虐待による死亡事例等の検証結果等について(第6次報告)」(2009)
および松井一郎・谷村雅子「子ども虐待とはなにか」，『保健の科学』vol.41, no.8, 杏林書院，p.564～570. をもとに作成

り越え，健全な家庭を築いている。一方で，なんらかの事情，たとえば，家族の病気や失業をきっかけに家庭生活が揺らいだり，あるいは親の生育歴を含め親自身が問題を抱えている，いわゆる子どもに育てにくさがあるなどの事情が重なると，結果として子ども虐待に至ってしまう場合がある。これらの傾向をふまえて，まだ虐待に至っていないグレーゾーンの家庭に対する予防的な措置を積極的に行っていくことが望ましい。

（3）子ども虐待が疑われる家庭への対応

A. 虐待の程度と対応

　子ども虐待と一言でいっても，その実態はさまざまであり，特に第三者（保育士，幼稚園教諭，保健婦，医師など）が子どもや家族と接した際に認識できる内容は限られている。そのため，第三者が気づいた時点で把握している状況から虐待の程度について冷静に認識し，対策を立てる必要がある。虐待の程度は，おおまかに，虐待の可能性の低い「適切な関わりグループ」，虐待と確認できる事実はないが子どもとの関わり方に心配な点がみられる「グレーゾーン」，子どもや保護者に虐待の兆候がみられる「イエローゾーン」，子どもに過度の発育不良やけが，アザなどが度々みられるなど，緊急に介入の必要性がある「レッドゾーン」に分類されている（図5-4）。

　虐待の程度は軽度なものから重度・最重度のものまで幅が広いため，それぞれの程度によって当然対応が変わってくる（表5-2）。まず，「適切な関わりグループ」に対しては，子育て支援のさまざまな場面を通して子育ての仲間づくりを促進し，子育て講座などを通してより正しい知識を提供したり，子育ての悩みや不安を相談できる機会を準備するなど"予防的啓発"を行っていく。次に「グレーゾーン」の家庭については保育士などが意識的に個別的な関わりをもち，保護者の気持ちや子育ての状況などをよく聞くこと，折に触れて子育ての楽しさや子育ての知恵などを伝えていくことなど，"予防的な個別援助"が必要となる。また，グレーゾーンの子どもについては日頃から注意深く観察し，気になることや気づいたことを丁寧に記録して残しておくことが大切である。そして，「イエローゾー

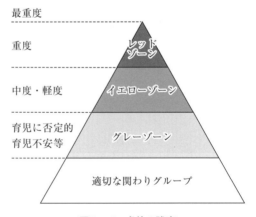

図5-4　虐待の強度

出典：才村純：「児童虐待対策」福祉士養成講座編集委員会編「児童福祉論」, p.179
中央法規出版(2005)をもとに作成

表5－2　虐待の程度と内容

レッドゾーン：	
	重度のケースで，子どもの成長や発達に重要な影響を生じているか，生じる可能性があるもの。特に子どもの生命の危険がある場合は最重度と認識し，すぐに介入する必要がある。
イエローゾーン：	
	ハイリスク要因が見受けられ，実際に子どもへの虐待がある。軽度と判断されるのは，一定の制御があり（外傷が残るほどではない暴力，健康問題を残すほどではないが子どもの世話が不十分であるなど），一時的なものと考えられる場合であり，中度といえるものは，入院するほどの外傷はないものの慢性的・長期的に虐待が行われている場合である。
グレーゾーン：	
	虐待と確認できる事実はないが子どもとの関わり方に心配な点が見受けられる。「世話をしたくない」など育児に否定的な発言や強い育児不安，親が子どもに感情的に接する，年齢不相応の早期教育を強要する，溺愛するなど，虐待とまではいえないが，子どもの成長・発達にとって好ましくない養育態度なども含まれる。
適切な関わりグループ：	
	親子関係・養育態度ともに問題なく，今後さらに子育ての喜びやよりよい子育てのあり方を見出していきたい家庭である。

出典：千葉県『虐待防止マニュアル』（2005）等をもとに作成

ン」と判断した場合には“保護的・治療的援助”の段階として，子どもの様子を毎日細かく記録に残すとともに，担任保育士だけでなく園長（場合によっては主任保育士）が中心になって対応にあたる。また，関係諸機関との連携が必要と判断された場合にはすぐに児童相談所などに通告し，園内で問題を抱え込むことなく，専門的な援助が必要な事柄に関してはそれぞれの機関につなげていくべきである。園は主に見守りの役割を担い，できる限り登園できるよう促し，食事や睡眠といった基本的生活の安定を図るとともに子どもが保育士との温かい関わりのなかで安心して過ごせる時間を確保する。また，家庭内に閉じこもってしまう状況に追い込まないよう，保護者との対話の窓口として注意深く対処していきたい。最後に，「レッドゾーン」の親子の場合には要保護の段階，すなわち“親子分離”の措置を視野に入れた段階である。レッドゾーンのケースは専門機関と緊密に連絡を取り合い，最もよいタイミングで介入できるよう慎重に対応する。

　これまで日本では，「イエ（家）」制度の影響を引きずり，家庭内の出来事に関して第三者は介入することができないという意識が強く，特に子どもの教育においては「親権」（ひいては「懲戒権」）をもつ親の意向が第一義的に優先され，虐待に近い行為があっても親が「しつけである」と主張すればこれに介入しづらい風潮があった。しかし，2004年4月に改正された「児童虐待防止法」では，①虐待を子どもの「著しい人権侵害」とし，②虐待そのものの発見でなくとも「虐待を受けたと思われる児童」をみつけた場合にも，通告義務があると明記したこと，③虐待の定義を，子どもの前での夫婦間の暴力など子どもに著しい心理的外傷を与える行動まで拡大したこと，④子どもの安全確保のために警察の協力が必要な場合，通告を受けた児童相談所などが警察に援助要請するよう義務づけたことなどの変化があり，国や自治体としても子ども虐待の問題に責任をもって対応していく姿勢が示された。また，これに伴って，「保育所保育指針」などにも保育者の職務において虐待を早期発見し通告することが義務づけられたのである。そこで，次節では虐待を早期に発見するためのチェック項目を紹介する。

●SECTION 1　子ども虐待への理解と対応，援助　　95

B. 保育現場での発見と虐待の徴候

事例 **不適切な養育**　＊家族構成：実父，実母，男児2人の4人家族

４月中旬に入園してきたＡ児。小学生の兄と２人兄弟のＡ児は，兄の学校が休みのときは必ず休みます。母親は園にあずけることより，送り迎えをしなければならない時間に縛られることが面倒くさくなってしまう。母親は，ギャンブルが好きで，小さい子ども２人を部屋において夜遅くまで出かけることが当たり前の生活を送っていたようです。Ａ児の兄が幼稚園に通っていた頃，母親の育児態度を心配して園長が働きかけ，地域の民生委員が継続的に関わってきた経緯があり，３歳になったＡ児についても保育園に入園したほうがよいのではないかということで役所に相談し，入園が決まりました。

Ａ児は休みがちで，登園は多いときで10～13日，兄の学校が休みになる夏は１～２日だけという状態でした。民生委員と園とは些細なことでも連絡を取り合い，園で伝えたほうがよいこと，民生委員に入ってもらったほうがよいことと分けて対応しました。

Ａ児が園に登園することを目標に，母親には気持ちよく園に来てもらうよう何気ない会話を心がけました。家庭の状況を受け入れながら関わっていくうち，母親から自分の生い立ちを少しずつ話し始め，心を開いてきていることを感じました。一方，Ａ児も保育園には慣れてきたものの，周りのことが気になって落ち着かない状態や，友だちとの接し方がわからず，友だちを叩いてしまうことも度々ありました。

１月のある日，登園したときに足の甲あたりを痛がるので見ると水ぶくれがあり，やけどのようなので母親に聞いたところ，「Ａ児が誤ってストーブに触れてしまった」とのことでしたが，民生委員や役所とも連絡を取り合い様子をみることにしました。２月，「兄とけんかしてけがをしたのでしばらく休みます」と電話で連絡がありました。民生委員に連絡し，役所，児童相談所とも連絡を取り合い，どうしたらＡ児にとってよいのか話し合っていました。そんなとき，母親が出かけていて留守をしていた夕方，Ａ児が家から出て一人フラフラと泣きながら近所を歩いていたところを，通りかかった人が見つけて交番に連れて行き，保護されました。その日母親は遅くまで出かけていて連絡が取れず，保護されたことを知ったのは翌日だったとのこと。Ａ児は保護された後，児童相談所などとも連絡を取り，一時保護施設に入りました。その後，家は引っ越し，Ａ児は施設で元気に楽しんでいるとのことです。

（現代保育実践研究会編「保育実践事例集」から一部省略し再構成）

> **対応**：この事例では，おそらくネグレクトに近い不適切な養育が行われていたものと考えられるが，保育園では保護者に対して，これを非難するのではなく，より重度な虐待へ進行しないよう，地域と連携を取りながら母親を精神的に支えてきた。そして，Ａ児が路上で保護された際に，児童相談所も含めた地域の関係者がすでにＡ児に関するこれまでの経緯を共有していたことは，Ａ児を保護し，親子分離を図るために大変役立った。

この事例でわかるように，保育士は親子の生活を支え，見守る役割を担うとともに，親子の状況をいち早く察知でき，虐待を未然に防ぐ重要な役割を果たすことができた。

では，保育士たちはどのような視点から虐待の可能性のある親子に気づくのだろうか。ある調査では，千葉県と東京の保育士の約70％が，最近３年間の保育なかで「虐待を受けている可能性のある特徴をもつ子どもと出会ったことがある」と回答している。この調査で回答数が最も多かった徴候は「衣服や身体がいつも不潔な子ども」（2,000人中302人）

であり，次いで「表情や反応がいつも乏しい子ども」（196人），「食行動に問題をもつ子ども」（163人）が挙がっている。

また虐待を行っている可能性のある保護者に関しては，73.6%の保育者が「出会ったことがある」と回答している。見受けられた徴候として多かった回答は「子どもに冷淡な態度で接している保護者」（2,000人中323人），「子どもに無理な要求をする保護者」（300人），「体罰がしつけであると思っている保護者」（274人），「小さな子どもを残してよく外出する保護者」（247人）などであった。

きょうだいのいる家族において他のきょうだいへの接し方では何の問題もないようにみえる保護者であっても，特定の子どもだけに虐待や不適切な養育を行っている場合があるため注意したい。

以下に，一般に虐待の徴候として挙げられている特徴をまとめた（表5-3）。これらの徴候があった場合には注意深く見守り，記録に残したうえで，必要があれば，諸機関と連携をとる心づもりをしておきたい。

表5-3　虐待を疑わせる徴候

	特　　徴
子どもの様子	・不自然な外傷（あざ，打撲，やけどなど）がみられる ・極端な栄養障害や発達の遅れがみられる（低身長・低体重） ・衣服や身体が極端に不潔である ・食事に異常な執着を示す ・ひどく落ち着きがなく乱暴，情緒不安定である ・表情が乏しく活気がない（無表情） ・態度がおどおどしており，親や大人の顔色をうかがったり，親を避けようとする ・誰かれなく大人に甘え，警戒心が薄い ・夜遅くまで遊んでいたり，徘徊している ・家に帰りたがらない ・触られることを嫌がる ・長期にわたって保育所・幼稚園を欠席している ・人・動植物・物に対して攻撃性が高い
保護者の様子	・子どもへの叱り方が激しい ・地域や親族などと交流がなく，孤立している ・小さい子どもを家に置いたままよく外出している ・子どもの養育に関して拒否的，無関心である ・子どもを甘やかすのはよくないと強調する ・子どもに対して拒否的な発言をする ・気分の変動が激しく，子どもや他人にかんしゃくを爆発させることが多い ・子どもがけがをしたり，病気になっても医者に診せようとしない ・子どものけがについて不自然な説明をする

出典：東京都児童相談センター：「虐待防止啓発リーフレット」（2010）を一部改変

〈相談機関〉

　事例にあった通り，虐待が疑われる家庭と出会った際には，園内で情報を共有して状況を把握すると同時に，児童相談所やその他の関係機関と連携を取り，対応の方向性について意思統一しておく必要がある。連携・相談できる関係機関・専門職は，主に次のような機関や専門職である。

虐待ケースの連携・相談相手

① 役所・行政
② 児童相談所(児童相談センター，子ども家庭支援センターなど)
③ 保健師
④ 民生児童委員
⑤ 保健所(福祉事務所)
⑥ 看護師，医師
⑦ 保護者，親族
⑧ ケースワーカー
⑨ 児童福祉施設
⑩ 民間組織(社会福祉協議会，NPOなど)

　本来，児童相談所等が中心となって虐待ケースに対応していく必要があるが，現在虐待ケースの増加に児童相談所職員の増員が追いついていない状況もあり，場合によっては保育所や保健師などが中心となって連携をとっていくこともある。

　これまで子ども虐待ケースへの対応が後手に回りがちであったことをふまえて，厚生労働省は2005(平成17)年に「要保護児童対策地域協議会設置・運営について」を公布し，子ども虐待の予防と早期介入の体制を各自治体ごとに整備する方針を打ち出した(図5-5)。

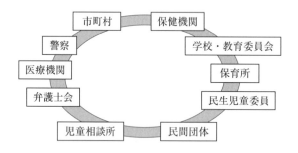

図5-5　虐待予防と早期介入体制

出典：厚生労働省雇用均等・児童家庭局長：「要保護児童対策地域協議会設置・運営
　　　指針について」(平成17年2月25日)をもとに作成

　「要保護児童対策地域協議会」は児童福祉，保健医療，教育，警察など幅広い関係機関や民間団体が連携をとるネットワークとして，各地で設置が進んでいる。要保護児童の事例に関して随時情報交換することや，子どもをめぐる問題について異なる分野の担当者が共同で協議し包括的な対策を練ることなどが期待されている。

　一方で，行政主導の子ども虐待防止ネットワークに先行して，市民団体による自発的な

子ども虐待防止ネットワーク(Center for Child Abuse Prevention ; CCAP)が立ち上げられ，家庭や地域諸機関と児童相談所とをつなぎ，多面的に虐待が疑われる家庭を支援する活動を行ってきた(その他の先駆的な例としては大阪府の「児童虐待防止協会」や愛知県の「子どもの虐待防止ネットワーク・あいち(CAPNA)」など)。

　今後も，関係諸機関と市民団体とが協力し合って子どもを守るネットワークを強化していくとともに，保育現場などにおいても日常的な地域住民とのネットワーク構築を進めていくことが重要である。

〈文　献〉
斎藤学：「子供の愛し方がわからない親たち」，p. 42 ～ 44，講談社(1992)，(原典：全社協養護施設協議会「(作文集)続・なくものか―子どもたちからの人権の訴え」亜紀書房(1990))
厚生労働省：「子ども虐待による死亡事例等の検証結果等について(第6次報告)」(資料1 ‐ p. 1) (2009)
東京都福祉保健局：「児童虐待の実態Ⅱ―輝かせよう子どもの未来，育てよう地域のネットワーク―（白書)」，p. 16，(2005年度に東京都の全11児童相談所で受理した児童虐待相談事例全てを分析した調査報告。2007年公表) (2007)http://www.fukushihoken.metro.tokyo.jp/jicen/gyakutai/files/hakusho 2.pdf で閲覧できる(2010年1月31日確認)。
高橋重宏：「子どもへの最大の人権侵害―子ども虐待」，p. 2 ～ 12有斐閣(2001)
現代保育実践研究会編：「保育実践事例集」，p. 6273 ～ 6280，第一法規(1999)
春原由紀・土屋葉：「保育者は幼児虐待にどうかかわるか」，大月書店(2004)
才村純：「図表でわかる子ども虐待―保育・教育・養育の現場で活かすために」，明石書店(2008)
厚生労働省：「保育所保育指針解説書」，フレーベル館(2008)
全国児童相談所長会：「児童相談所における家庭支援への取り組み状況調査」報告書　全児相，第87号別冊，(2009)
日本子ども家庭総合研究所編：「厚生省　子ども虐待対応の手引き」，有斐閣(2001)
才村純：「児童虐待対策」，福祉士養成講座編集委員会編『児童福祉論』所収，中央法規出版(2005)

（木全晃子）

━ SECTION 2 　ひとり親家庭への理解と対応，援助

（1）　ひとり親家庭の増加とその理由

　　「ひとり親家庭」とは，父親あるいは母親のどちらか一方と子どもで暮らす家庭のことをいう。「母子家庭」「父子家庭」の総称である。言い換えれば，ひとり親家庭とは，父母の死別，離婚などで父，または母と生計を同じくしていない児童が育成される家庭である。

A. 離婚によるひとり親家庭の貧困化

　　ひとり親家庭は，その理由の7～8割が離婚となっている。CHAPTER 3, SECTION 1にも述べたようにひとり親家庭の約半数が貧困化家庭にあり，母子世帯の収入が圧倒的に少ないのが日本における貧困化現象の特徴の一つといえるであろう（表5-4参照）。特に，母子世帯の平均年間就労収入は，父子世帯の約半分の収入である。そこで，母子世帯の増加が日本の貧困化を加速しているといっても過言ではない。また，日本の貧困化は，ひとり親世帯の子どもの貧困化各国比較をみると，OECD 24か国のなかで第2位と非常に高く，平均値からみても25％も多い深刻な事態となっている（図5-6参照）。

表5-4　ひとり親家庭の主要統計データ(平成23年全国母子世帯等調査の概要)

		母子世帯	父子世帯
1	世帯数(推計値)	123.8万世帯	22.3万世帯
2	ひとり親世帯になった理由	離婚80.8% 死別　7.5%	離婚74.3% 死別16.8%
3	就業状況	80.6%	91.3%
	うち正規の職員・従業員	39.4%	67.2%
	うち自営業	2.6%	15.6%
	うちパート・アルバイトなど	47.4%	8.0%
4	平均年間収入(母または父自身の収入)	223万円	380万円
5	平均年間就労収入(母または父自身の就労収入)	181万円	360万円
6	平均年間収入(同居親族を含む世帯全員の収入)	291万円	455万円

〔注〕　1)　上記は，母子又は父子以外の同居者がいる世帯を含めた全体の母子世帯，父子世帯の数
　　　　2)　母子のみにより構成される母子世帯数は約76万世帯，父子のみにより構成される父子世帯数は約9万世帯(平成22年国勢調査)
　　　　3)　「平均年間収入」および「平均年間就労収入」は，平成22年の1年間の収入
　　　　　　ひとり親家庭の主要統計データ(平成23年全国母子世帯等調査の概要)
　　出典：平成23年度全国母子世帯等調査

　　ひとり親の貧困は，子どもの貧困に直結するといっても過言ではない。そこで，2013年「子どもの貧困対策の推進に関する法律(法律第64号)」が立法化され，2014年「子どもの貧困対策に関する大綱」が閣議決定され，子ども・保護者への具体的な支援施策推進が出された。具体的には深刻化するひとり親の貧困化に伴い，低所得のひとり親家庭の支援を手厚くする改正児童扶養手当法が2016年8月1日から施行された。2人目・3人目の手当てが2倍増となった(具体的数字については後に述べてある)。支給額の引き上げは2人目が36年ぶり，3人目以降は22年ぶりの改正となった。手当は原則として18歳を迎えた年度の末まで支給される。

100　　●Chapter 5　要保護児童およびその家庭に対する支援

さらに，2か月ごとにまとめて年6回支給する方針が決まった。収入のばらつきを抑えて家計の管理をしやすくし，支給日の間で使い切って困ることがないようにする狙いである。2018年の通常国会で児童扶養手当法を改正，2019年度の実施が決まった。懸案事項であった所得制限も緩和される。

〈ひとり親家庭支援策として重要な3項目〉

1）ひとり親家庭に行政の支援
　①就業による自立に向けた就業支援
　②子育て・生活支援，学習支援などの総合的な取組の充実
　③支援を必要とするひとり親家庭に行政の支援が確実につながるようにずる

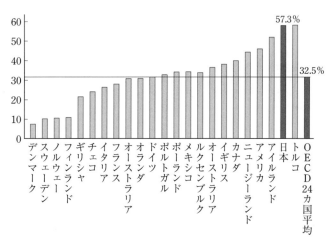

図5－6　ひとり親世帯の子どもの貧困率各国比較

2）児童扶養手当の加算額を含む支給額について
　①ひとり親家庭の所得状況，生活実態に即した内容
　②今後の社会経済状況の変化等を踏まえる
　③ひとり親家庭の生活の安定と自立の促進に寄与する
　引き続き，その在り方について検討する。

3）ひとり親家庭の子どもの大学等への進学率が著しく低い実態改善
　①児童扶養手当等により生活の安定を図る
　②「子どもの学習支援」
　③「奨学金の充実等による教育費の負担軽減策」など
　「ひとり親家庭の子どもの大学等への進学機会を確保するための総合的な取組を推進する」

参考・引用：平成28年2月9日提出190回国会児童扶養手当法の一部を改正する法律案に対する附帯決議

低所得者に支給される児童扶養手当受給世帯数が2013（平成25）年に1,073,790件にものぼった。これは，10年前から比較すると約20万件の増加となっている（図5－7）。

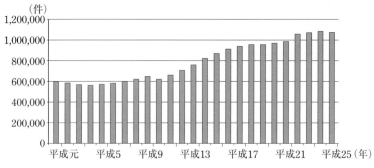

図5－7　児童扶養手当世帯数の推移

〔注〕　平成22～23年度は，東日本大震災の影響により，福島県（郡山市およびいわき市以外）を除いて集計した数値
出典：平成20年度以前は厚生労働省大臣官房統計情報部「社会福祉行政業務報告（福祉行政報告例）」
　　　平成21年度以降は同部「福祉行政報告例」
　　　〔平成25年度出所〕厚生労働省大臣官房統計情報部「平成25年度　福祉行政報告例」児童福祉　第55表　児童扶養手当受給者数，都道府県－指定都市－中核市×世帯類型・対象児童との続柄・手当の支給類型・受給対象児童数別

B．母子家庭

　母子家庭の抱える問題は，多岐にわたる。経済的に不安定であること，住宅の確保の困難さ，精神的な不安定さなどが挙げられる。稼ぎ手がひとりだけであるという条件から生ずる経済的困難の問題は，子どもを背負っての就労の困難の問題と複雑に絡み合っている。
　母子家庭の母親は，安定収入を得られる正職員として働くのが難しい。その理由の一つは，子どもがいるため熱を出したりすると休みがちとなること，二つ目は再就職のために，子どもがいることや年齢などの理由で正職員に採用されない傾向がある。その理由は，育児や子どもの世話の引き受け手がいないために生ずる問題なのである。母子世帯の就労状況をみると，パートやアルバイトが約半数（47.4％），父子世帯はパート・アルバイトが1割にも満たない（8％）。そのため，それぞれの世帯による収入の差は歴然としているといえよう。
　母子世帯の住宅確保については，父子世帯に比べ自己の住宅所有率が少ないこと，収入が不安定のために賃貸住宅を確保しづらいことなどが挙げられる。

事例 母子家庭 ＊中学2年，小学生(2人)，5歳，2歳

> 5人の子どもを抱えて一人で子育てをしている母親には，中学2年を頭に小学生が2人，さらに保育所には5歳と2歳の子どもがいる。ある日，2歳の子どもが風邪をひいて熱が下がったが，まだ保育所に行くほどは回復していない。母親は，工場で働いているが，5人の子どもがいるため休暇をとることが多い。近くに親族もいないので頼れるところがない。しかたがなく，一番上の中学生の子どもが何日か休んで面倒をみていた。

対応：訪問 妹の面倒をみるために中学生の兄が中学校を長期間休んでいる現状を民生児童委員が主任児童委員に報告。2人で家庭訪問。母親と面談し，妹の世話のために中学校を休ませることは，間違っているので改善するように提案(これまでも何回となく家庭の都合でこの兄に学校を休ませていた)。地域の子育てサポートシステムを利用するように紹介した。

対応：会議 子育てサポートシステムを利用しても，それ以上夜遅くまで残業をし，子どもを放っておいて働かなければならない状況がなかなか改善されなかった。この他にもさまざまな問題を抱えていたため，地域ネットワーク(主任児童委員・民生児童委員，行政，保健センター，中学校・小学校・保育所，子育てサポートシステム)を中心にこの家庭の現状と支援方法を話し合った。

対応：生活保護 生活保護を受給し，収入を安定させることが，子どもをネグレクト状態から救える最良の方法であるとの結論に達した。その後，生活保護を受けながら，子どもに影響が出ない程度に母親が働き，生活を支えている。

この事例では，工場で働いていた母親が，自己都合による休暇が多いため，せっかくの職を失ってしまい，生活が維持できなくなってしまうという問題があった。

日本の女性の就労状況が，M字曲線というのは，子育て中の女性の就労状況の困難さを物語っている(図5－8)。

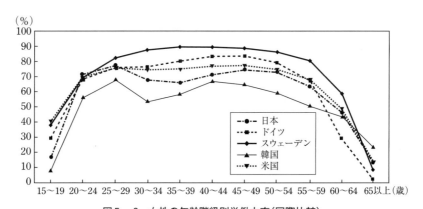

図5－8 女性の年齢階級別労働力率(国際比較)

〔注〕1.「労働力率」…15歳以上人口に占める労働力人口(就業者＋完全失業率)の割合
2. 米国の「15～19歳」は，16～19歳
3. 日本は総務省「労働力調査(詳細集計)」(平成22年)，その他の国はILO「LABORSTA」より作成
4. 日本は平成22年(2010年)，韓国は平成19年(2007年)，その他の国は平成20年(2008年)時点の数値

C. 父子家庭

　父子家庭は，母子家庭と同様に離婚によるものが多い。特に，家事・育児への負担感は大きい。父子家庭になると，今までのように，残業や休日出勤ができないなど，就労への制約が出てきてしまう。したがって，収入の激減に直面し，出世の道も絶たれてしまう。日本の就労の仕組みは，男性に依存し，家庭との共存は，難しくなっている。離婚して，自分が子どもを引き取ったものの仕事との両立が難しく，転職を余儀なくされたり，養護施設に預けることになってしまうケースもある。

　父子家庭でも年収が母子家庭と同様に少なく，児童扶養手当の対象となる場合がある。2010（平成22）年8月から，父親も児童扶養手当の対象となったことは，父子家庭で孤軍奮闘している父親の励みになったのではないだろうか。

事例　父子家庭　＊子ども2人（保育所）

> 　父子家庭で2人の子育てをしている20代の父親。離婚により父子家庭となるが，2人の子どもを保育所に預け，就労している。残業時は，保育所の送迎と帰宅までの時間に「ファミリーサポート」を利用している。休日出勤時は，「シルバー人材センターの家事援助事業」と「ファミリーサポート」の両方を利用している。これらは，保育所の保育料とは別にかかる費用である。

　収入激減　子どもが熱を出すと父親が仕事を休んで面倒をみるなど，子どもがいることで仕事を休むことが多く，収入は激減。家事も苦手で，高くつくのはわかっていながらもコンビニに頼ってしまう。経済的にも困っている。

　対応不能：退職・転出　休日出勤が続き，1日分のファミリーサポートの利用料金7,000円が何回か重なり，払えなくなってしまう。仕事も休みがちとなり，会社にいにくくなり，退職。親子3人遠い父親の実家に行ってしまった。

　これは，父親が児童扶養手当支給対象外であったときの事例である。父子家庭であっても，子どもの育児の担い手がいない場合，夜遅くまでの残業・休日出勤が難しく，退職に追い込まれるケースが増加している。男性の働き方が問われている問題といえる。

D. 婚外子（非嫡出子）

　日本における婚外子の数は，諸外国と比較してみると比較的少ない状況であるが，徐々に上向き傾向となっている。日本社会では，なかなか認知されにくい子どもの存在であり，社会から特別視される傾向がみられ，ひとり親としての生きにくさを感じるという。

　しかし，婚外子の数は徐々に増加しつつある傾向がみられる。

事例 婚外子 ＊父親がいない出産

> 10代で結婚し，第1子出産1年後に離婚した。その後，違う男性と付き合って第2子を妊娠・出産。男性を自分につなぎ止めていたいがための出産であったが，男性は子どもを認知しないまま別れた。

対応：生活保護 親世帯も収入がないため，生活保護家庭として申請し，認定された。認定後，母子3人が独立してアパートに住むようになった。

母親の寂しさ 親世帯のアパートでは狭いスペース3DKに家族8人が住んでいた。しかし，母子3人の生活は寂しく感じられた。それを紛らわすため，友人のたまり場と化した。生活保護となり，経済的にいくらかゆとりがでたことも加わり，母親は，覚せい剤に手を出してしまい，逮捕された。

母親の拘禁後 子ども2人は元通り親世帯で暮らすこととなった。

この事例は，ひとり親の寂しい気持ちにどう寄り添っていくかが，支援者に求められる事例である。

（2）ひとり親家庭への支援のポイント

A. ひとり親の気持ちを受容する

ひとり親家庭となったときの親の心境には，さまざまな葛藤がある。離婚・死別など理由は多々あるが，いずれも寂しさを感じ，子どもに対して「ひとり親にしてしまった」後ろめたさと他の家庭への劣等感を感じている。支援者は，その親の気持ちを受容することが重要なポイントといえる。また特に，「ひとり親になったけれど，子どもを幸せにしよう」「子どもの親は自分しかいない。頑張って子育てをしよう」という気持ちを促す対応が求められる。この初期対応が，支援者の姿勢として強く求められる。

また，ひとり親家庭の核家族では，家庭のすべてのことを担う忙しさと精神的重圧がかかってくるので，支援者は，「いつでも相談に応じる」という態度をとることが求められる。

ひとり親家庭への支援のポイント

＜ひとり親家庭＞

[子どもの気持ち]
- 寂しい（親が関わる暇がない）
- 甘えられない（親が忙しい）

[親の気持ち] 心の葛藤
- 寂しい
- 精神的重圧（一人で決める）
- 忙しさ（一人ですべてやる）
- 子どもに後ろめたさがある
- 他人への劣等感

＜支援者の対応＞

[子どもに対して]
- 寂しさを感じさせない
- 温かさを伝える
- 甘えていいよ
- 共感し合う

[親に対して]
- 受容（何でも相談していいよ）
- 親の頑張りを評価する
- 子どもの成長をともに喜ぶ（共感）

1) ひとり親家庭の子どもへの対応と支援

ひとり親家庭の子どもは，いくつかの特徴をもっている。

① 離婚に至るまでの親同士の葛藤に直面していることが多いため，大人の顔色をうかがう。

② 忙しくしている親に甘えられず，寂しさを感じている。

③ 一方の居なくなった親への寂しさから，居ない方の親と同性の大人にべたべた甘える。

④ 一方の居なくなった親への寂しさから，居ない方の親と同性の大人に拒否的である。

したがって，子どもへの対応は，大人への信頼感を促すために，「気持ちを受容する」「温もりを感じさせる関わり」「甘えていいよ」というメッセージを伝えることが重要である。

2) ひとり親の支援のあり方

ア　市町村窓口の対応

何らかの事情でひとり親になった場合，最初に訪れる場所は，市町村のひとり親（児童扶養手当）担当の窓口である。この場での対応が適切であるか，否かがその後のひとり親として，どう生きていくかのキーポイントとなる。

さまざまな相談機関には相談援助のできるスタッフが配置されているが，市町村のひとり親（児童扶養手当）担当の窓口担当は，事務職員の対応が一般的である。しかし，以下に述べるような一般的なさまざまな支援を紹介するときにも，あるいは困ったことを聞き出すためにも専門的支援のできる職員が担当するべきである。そのために，児童扶養手当についての研修会で，手当の種類などの説明だけでなく，ソーシャルワークの初歩的な専門研修を履修できるようにすべきである。大きな市では，社会福祉主事資格を持つ職員が配置されてきている。

イ　ひとり親家庭の支援ポイント

保育所，児童養護施設などは，多くのひとり親が利用する施設である。また，前述のように，子育てサポーターなど，地域で子育て支援に携わっている支援者の対応はひとり親の家庭に大きな影響を与えるといえる。親への対応のポイントをいくつか挙げてみる。

① 親の話をよく聴き（傾聴），気持ちを受容する。親の頑張りを評価し，自信をもてるようにする。

② 子どもがひとり親の気持ちの支えとなるように，日々の出来事を共有し，「子どもってかわいい！」を共感し合う。

③ 何でも相談し合える信頼関係（ラポール）を構築する。

いずれにしても，ひとり親は，さまざまな問題が発生する場合が多い。DVで父親から保育所に逃げていた母子が見つかり父親が怒鳴り込んで来た例，親が借金まみれになりヤミ金業者の取り立てで怖そうな人が来て子どもが震えている例，母子家庭で母親が緊急入院してしまった例など，予測できないさまざまな事例に遭遇する。

したがって，支援者がひとり親を支援するときには，一人で事例を抱え込まず，他機関と連携していくことが最も重要である。

（3）ひとり親家庭支援サービスの実態

現在，市町村の児童扶養手当窓口の相談件数が急増している。経済的に困窮したひとり親が支援を求めているのである。以下の通り，ひとり親家庭支援サービスを紹介する。

A. 経済的支援

表5-5　児童扶養手当(市町村窓口：所得制限有)　平成28年8月金額訂正

(平成29年4月から物価スライド制導入のため金額引き下げとなった)

子どもの人数	月額(全部支給)		月額(一部支給)	
	2016年8月	2017年4月〜	2016年8月	2017年4月〜
1人の場合	42,330円	42,290円	42,320円〜9,990円	42,280円〜9,980円
2人目加算額	10,000円	9,990円	9,990円〜5,000円	9,980円〜5,000円
3人目以降加算額	6,000円 (1人につき)	5,990円 (1人につき)	5,990円〜3,000円 (1人につき)	5,980円〜3,000円 (1人につき)

- ひとり親家庭等医療費助成制度(市町村窓口：所得制限有)
- ひとり親家庭児童就学支度金(市町村窓口：所得制限有)
- 母子及び父子並びに寡婦福祉資金貸付制度(市町村窓口)
- JR特定者用定期乗車券割引制度(市町村窓口：所得制限有)

B. 就業支援

表5-6　ひとり親家庭の就業支援関係の主な事業

事　業	事　業　内　容
1. 保育所の優先的入所	核家族の就労ひとり親家庭支援(p46)
2. ハローワークによる支援 • マザーズハローワーク・生活保護受給者等就労自立促進事業・職業訓練の実施・求職者支援事業等	子育て女性等に対する就業支援サービスの提供
3. 母子家庭等就業・自立支援センター事業 (母子家庭の母等対象)	• 就業相談・就業支援講習会，就業情報の提供等まで，一貫した就業支援サービス・養育費相談など生活支援サービスを提供
4. 母子・父子自立支援プログラム策定事業	• 個々の児童扶養手当受給者の状況・ニーズに応じ自立支援計画を策定し，ハローワーク等と連携のうえ，きめ細かな自立・就労支援を実施
5. 自立支援教育訓練給付金	• 指定の教育訓練講座(雇用保険制度の教育訓練給付終了後に，対象講座の受講料の6割相当(上限20万円)を支援

6. 高等職業訓練促進給付金		
対象資格	看護師・准看護師・介護福祉士・保育士・理学療法士・作業療法士・保健師・助産師・理容師・美容師・臨床検査技師・あん摩マッサージ指圧師・歯科衛生士・栄養士・社会福祉士・精神保健福祉士・幼稚園教諭・教員免許・調理師・製菓衛生師等	
入学支援	一時金　50,000円	(市民税非課税世帯)
修了一時金	一時金　25,000円	
修業支援金手当	月額　100,000円	
	月額　70,500円	
受給期間	資格によって相違(修業期間は，取得資格によって1〜3年間を上限とする)	

7. 高等学校卒業程度認定試験合格支援事業 (H27度創設) • 対象者：ひとり親家庭の親，または児童	• 高卒認定試験合格のための講座を受け，これを修了したとき，および合格した時に受講費用の一部を支給 (最大6割，上限15万円)

●SECTION 2　ひとり親家庭への理解と対応，援助　　107

C. 相談事業等，地域支援，地域との連携

- 母子家庭等就業自立支援センター
- 養育費相談支援センター
- 児童扶養手当申請の担当者
- 主任児童委員・民生児童委員
- 保育所，幼稚園，学校の相談窓口

- 保健所，地域福祉総合センター，保健センター
- 福祉事務所，児童相談所，家庭児童相談室，地域子育て支援センター，児童館
- 子育てサポート・ファミリーサポート・NPO法人などの民間団体

＊ひとり親を支援していく社会的体制づくりを整備することが求められる。

＊貧困の連鎖を防ぐため，ひとり親世帯の子どもへの学習支援体制づくり構築が必要である。

　ひとり親の子どもが保育所・認定こども園に入所する確率は非常に高い。就労支援が整備され長時間保育をしていること，収入が少ないひとり親家庭の保育料が安いこと，保育所・認定こども園の相談体制が整っていることなどが挙げられる。保育所保育指針，認定こども園法で示されているように，保育所・認定こども園における保護者支援は重要な課題となっている。ソーシャルワーク機能をもつべき保育士・保育教諭は，親と子どもの気持ちを温かく受け入れ気持ちに寄り添うこと，他機関との連携を取りながら対応することなどが日常的に求められている。

　ひとり親家庭に最も身近な存在である保育所・認定こども園，そして，そこで働く保育士・保育教諭が支援者として十分な資質をもつための研鑽が求められる。

　ひとり親家庭の相対的貧困率は，5割を超える数値である。ひとり親家庭は，これからまだまだ増加していく可能性がある。

　2014年8月「子供の貧困対策に関する大綱」閣議決定以降，ひとり親家庭に対する具体的な施策が図れてきている。日本では，ひとり親家庭に対して昔から「欠損家庭」という差別用語があった。「欠損家庭」の子どもには人と違う「欠損家庭」環境ということで成長にゆがみが出ると考えられ，そのことが就職差別までも生み出してきた。貧困化からの脱却のための施策の充実を図り，認識不足からくる社会的偏見を正し，意識改革をしていくなかで，ひとり親家庭の子どもが健やかに育つよう願うものである。

〈文　献〉

厚生労働省：「保育所保育指針」（平成28年厚生労働省告示第117号　2017年3月31日付）〔2017〕

文部科学省：「幼稚園教育要領」（平成28年文部科学省告示第62号　2017年3月31日付）〔2017〕

内閣府・文部科学省・厚生労働省：「幼保連携型認定子ども園教育保育要領」（平成28年内閣府・文部科学省・厚生労働省告示第1号　2017年3月31日付）〔2017〕

元木久男：「ひとり親家庭の福祉問題の諸相」，宮崎女子短期大学紀要27巻，p.115〜130〔2000〕

野島正剛：「児童福祉と社会保障—ひとり親家庭の現状」，宝仙学園短期大学紀要　34巻，p.27〜34〔2009〕

岩田美香：「ひとり親家族から見た貧困」，貧困研究，3巻，p.22〜33〔2009〕

厚生労働省：「相対的貧困率の公表について」平成21年10月20日および「子どもがいる現役世帯の世帯員の公表について」平成21年11月13日，賃金と社会保障，通号1505・1506，p.67〜74〔2010〕

湯澤直美：「保育における養護と貧困　ひとり親世帯への支援—形成過程・ジェンダー・階層性の視点から」，季刊保育問題研究，241号，p.138〜148〔2010〕

（丸山アヤ子）

SECTION 3　発達障害をもつ子ども家庭への理解と対応，援助

(1) 子どもへの発達支援の気づきと家庭支援

　近年，わが国における障害をもつ子どもへのサービスは，障害児・者をめぐる国際的動きと日本の法整備と連動し，大きく変化した。

　日本は2014年1月20日「障害者の権利に関する条約」をニューヨークにおいて批准した。国際的には，条約発効から5年目141番目であった。さまざまな国内法整備後の批准であった。その法とは2011年「障害者基本法」「障害者虐待防止法」，2012年「障害者総合支援法」2013年「障害者差別解消法」「発達障害者支援法の一部改正」「児童福祉法の一部改正」そして，2016年「発達障害者支援法」の改正である。ここでは，障害児・者が暮らしやすく，ノーマライゼーションの理念に基づく社会参加に向けて，施策が総合的に進められているのである。「児童福祉法」「障害者自立支援法」の改正により，障害児通所支援（児童発達支援，医療型児童発達支援，放課後等デイサービス，保育所等訪問障害児発達支援等）が，再編され，利用しやすいサービスとなった（図5-9）。

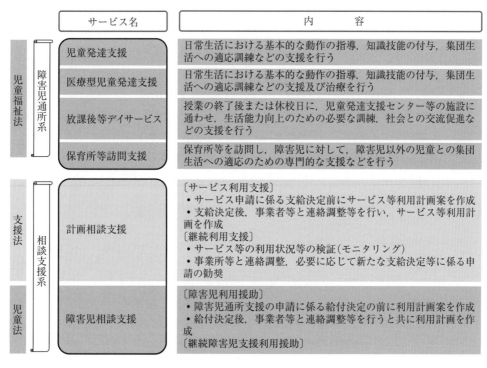

図5-9　障害児が利用可能な支援の体系

出典：厚生労働省

　障害をもつ子どもの家庭が受ける影響として，障害をもつ子どもの世話や介護による身体的負担や社会的影響による精神的負担感，経済的負担など，社会生活を営むなかで，さまざまな悩みや迷いを生じ，過度のストレスや緊張感をもたらすこととなる場合が多い。特に，子どもの障害を初めて告げられた場合のストレスや葛藤は，測り知れないものがある。

支援者は，障害をもつ子ども家族の気持ちに寄り添うことが支援の基本姿勢として大切である。

保育所保育指針(第1章 総則3保育の計画及び評価(2)指導計画の作成)では，「障害のある子どもの保育については，一人一人の子どもの発達過程や障害の状態を把握し，適切な環境の下で，障害のある子どもが他の子どもとの生活を通して共に成長できるよう，指導計画の中に位置付けること」「子どもの状況に応じた保育を実施する観点から家庭や関係機関と連携した支援のための計画を個別に作成するなど適切な対応を図ること」と記されている。また，幼稚園教育要領(第1章 総則 第5特別な配慮を必要とする幼児への指導)では「障害のある園児などへの指導に当たっては，集団の中で生活することを通して全体的な発達を促していくことに配慮し適切な環境の下で，障害のある園児が他の園児との生活を通して共に成長できるよう，個々の園児の障害の状態などに応じた指導内容や指導方法の工夫を組織的かつ計画的に行うものとする」「家庭，地域及び医療や福祉，保健等の業務を行う関係機関との連携を図り，長期的な視点で園児への教育及び保育的支援を行うために，個別の教育及び保育支援計画を作成し活用することに努めるとともに，個々の園児の実態を的確に把握し，個別の指導計画を作成し活用することに努める」としている(一部抜粋)。

さらに，幼保連携型認定こども園教育・保育要領では「障害のある園児の指導に当たっては，集団の中で生活することを通して全体的な発達を促していくことに配慮し，障害のある園児が他の園児との生活を通して共に成長できるよう，個々の園児の障害の状態などに応じた指導内容や指導方法の工夫を計画的，組織的に行うこと」「園児に障害や発達上の課題が見られる場合には，市町村や関係機関と連携及び協力を図りつつ，保護者に対する個別の支援を行うよう努めることとしている(一部抜粋)。

これは，発達障害者支援法第7条，第8条に依拠するものである。

2016年6月に改正された発達障害者支援法の主な内容は以下の通りである。

〈発達障害者支援法〉
(児童の発達障害の早期発見等)
第五条　市町村は，「母子保健法に基づく健療診査」，教育委員会の「学校保健安全法に基づく健康診断」を行うに当たり，発達障害の早期発見に十分留意しなければならない。

(保育)
第七条　市町村は，保育の実施に当たっては，発達障害児の健全な発達が他の児童と共に生活することを通じて図られるよう適切な配慮をするものとする。

第八条　国及び地方公共団体は，発達障害児が，その年齢及び能力に応じ，かつ，その特性を踏まえた十分な教育を受けられるようにするため，可能な限り発達障害児が発達障害児でない児童と共に教育を受けられるよう配慮しつつ，適切な教育的支援を行うこと，個別の教育支援計画の作成，及び個別の指導に関する計画の作成の推進，いじめの防止等のための対策の推進その他の支援体制の整備を行うことその他必要な措置を講じるものとする。

(放課後児童健全育成事業の利用)

第九条　市町村は，放課後児童健全育成事業について，発達障害児の利用の機会の確保を図るため，適切な配慮をするものとする。

（発達障害者の家族等への支援）

第十三条　都道府県及び市町村は，発達障害者の家族その他の関係者が適切な対応をすることができるようにすること等のため，児童相談所等関係機関と連携を図りつつ，発達障害者の家族その関係者に対し，相談，情報の提供及び助言，発達障害者の家族が互いに支え合うため活動の支援その他の支援を適切に行うよう努めなければならない。

　保育者による家庭支援のポイントは，子どもへの保育，ケアワークを核とし，ソーシャルワークやカウンセリングの専門性を高めていくことである。

　また，障害をもつ子どもや家庭にとって最も早い時期に出会う身近な専門家としてどんなことでも相談できる唯一の存在でなければならない。

　図5－10にも示されているように保育所における障害児の入所は増加傾向にある。乳児をはじめとする低年齢児からの入所（入園）が増えているなかで，入所（入園）後に障害をもっていることが発見されることもあり，特に注意を要する。

　したがって，保育者は障害をもつ子ども家庭を理解したうえで，保護者への適切な援助が求められるのである。

　また，障害のある子どもの保育は，その障害の特性から保育者以外の専門家との連携が必要となる場合が多くある。すなわち，保育者は，医師・言語指導・心理職・作業療法などのさまざまな専門機関とのコーディネーター・ソーシャルワーク的役割を果たすことが求められるのである。

　保護者が子どもの障害を認めることは難しい。まず，保育者と保護者との信頼関係を構築したうえで子どもの状況を共通理解し，他機関との連携を図ることが大切である。その

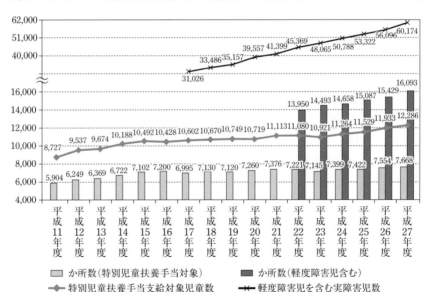

図5－10　障害児保育の実施状況推移

〔注〕　児童数は，特別児童扶養手当支給対象児童数
出典：厚生労働省

場合，障害をもつ子どもの保護者が，他機関との連携は，子どもの発達を促し，より楽しく家庭生活を送れることになる，と理解することにより専門機関への相談・受診につながるのである。

（2）障害をもつ子ども家庭の課題と対応例

A. 発達障害児の定義

発達障害者支援法第二条には，「『発達障害』とは，自閉症，アスペルガー症候群その他の広汎性発達障害，学習障害，注意欠陥多動性障害その他これに類する脳機能の障害であって，その症状が通常低年齢において発現するものとして政令で定めるものをいう」と規定されている。

第2項では，「『発達障害者』とは，発達障害がある者であって発達障害及び社会的障壁により日常生活又は社会生活に制限を受けるものをいい，『発達障害児』とは，発達障害者のうち十八歳未満のものをいう」と規定している。

第3項は新たに加わった項目であり，「この法律において「社会的障壁」とは，発達障害がある者にとって日常生活又は社会生活を営む上で障壁となるような社会における事物，制度，慣行，観念その他一切のものをいう。」としている。

第4項は，「この法律において「発達支援」とは，発達障害者に対し，その心理機能の適正な発達を支援し，及び円滑な社会生活を促進するため行う発達障害の個々の特性に対応した医療的，福祉的及び教育的支援をいう」と規定している。

この法の制定により，法律上「発達障害児」の規定が明確となった。また，10年ぶりの改正により，障害の個々の特性に合った援助が明確となった。そのことにより，「発達障害児」に対し，特別支援教育や保育所入所の緩和など，新たに始まったことは画期的であるといえよう。

発達障害者支援法案に対する附帯決議第2項では，

「発達障害児に対する保育及び教育的支援と支援体制の整備に当たっては，発達障害児が障害のない児童・生徒とともに育ち学ぶことを基本としつつ，発達障害児及びその保護者の意思とニーズを最大限尊重すること。」としている。

これらは，発達障害児への支援に関わる者すべてが理解しておく必要がある。

また，「発達障害者支援法」の制定は，障害をもつ子どもとその保護者に大きな希望をもたらすこととなった。今後障害児保育・教育のニーズはますます高くなり，保育所，幼稚園，幼保連携型認定こども園に在籍する障害をもつ子ども数の増加が予測される。そこで，保育者には専門的知識と適切な対応が今まで以上に求められる。

B. 子どもに障害をもつ保護者への対応

1）障害の気づきにくさ

乳幼児期における発達の遅れや行動発達の気になることについて，親（保護者）は，「いつか追いつくだろう」「うちの子は "おくて" だから」「うちの子に限って」と個人差によるものと判断する場合が一般的である。発達上の遅れに起因するものであっても

「経験不足ですから」「うちの子少し変わっているんです」と理解している親(保護者)が多い。

　一方，わが子の発達上の遅れを認めたうえで，「自分の子育ての方法が間違っているのではないか」「なぜこんな子を産んでしまったのか」と自分を責めてしまう親(保護者)も多くみられる。加えて，周囲から親へ向かう言葉として「愛情不足」「子どもへの関わりが不適切」などと指摘されることもある。そのため親(保護者)は「なぜ，これくらいわからないの！」と，子どもに対して当たり散らしたりすることにより，発達障害の子どもや発達障害が疑われる子どもに悪影響を及ぼす場合が多い。

　支援者は，子どもの障害の気づきにくさを十分理解し，保護者と関わらなければならない。

事例　障害の気づきにくさ

> 　保育所の園庭解放に初めて参加した2歳児と母親。砂場で遊んでいる子どもを見ながら，母親が「うちの子，普通ですよね。みんなが，おかしいというんです。遅れているというんです。おかしいですか」と対応した所長に質問する。

対応：受容　　所長は「そうですね。まだ小さいからわからないですね。」と対応する。
　　　　　　　砂場で砂だらけになって遊んでいるうち「ウー・アー」と奇声をあげながら砂を投げる。母親は「うるさい。投げないで！」と怒鳴る。

対応：関わる　　所長は「そうなのね。雨のように砂が降ってきたね。楽しいね。」と子どもの気持ちを受容してゆったり対応する。すると「あーあー」と応答する声に変化した。その後，所長と子どもは砂をカップに入れたりしながらしばらく遊んだ。

対応：その後　　その後も何度も園庭解放に参加する。やがて，小学校は養護学校に入学。「うちの子，障害児手帳をもらうことにしました。」と報告があった。

対応：ケース会議　　中学入学の頃の思春期には「真っ裸で家から出て行ってしまいます。警察にお世話になってしまいました。家でこの子の面倒をみるのは無理です。」と保育園来所相談に来た。市の相談機関と連絡を取り，市がケース会議を開催した(市担当者，養護学校教員，主任児童委員，担当地区の民生児童委員，保育所長)。その後，障害児施設入所となった。

　この事例は，地域の子どもの保護者対象の園庭解放をきっかけに相談継続していたケースである。保育所入所児童ではないが，子どもの転機には必ず相談・報告に来ていた。これは，保育所が地域において身近な相談場所であることを示している。

　支援者が保護者から信頼を得るポイントは，ありのままの子どもと保護者の気持ちを受容し，目の前にいる子どもへの最善の方向性を導くことである。すなわち，支援者が子どもとの関わり方を示すことで，子どもの変化がみられた結果，保護者からの信頼を得ることができた点が重要である。

●SECTION 3　発達障害をもつ子ども家庭の理解と対応，援助　　113

C. 保護者の障害受容の過程と支援方法

　わが子に障害があると診断された保護者はどのように障害を受容していくのであろうか。その障害受容の過程は，障害否認期（障害を受け入れられない時期）→怒り→取引→障害受容期（障害を受容する時期）→支援期（障害へ向かう時期）の段階をたどる。そうしてさまざまな葛藤を経て，障害に向き合おうと考えられるようになる。

　しかし，その後，その子どもの支援の方向性を選択する場合，保護者には，大きく分けて2つのタイプがある。一つは療育を受けさせることが保護者の役目として遠方であろうがどこであろうが「この子のためならどこまでも！」と時間とお金を費やして医療機関・療育機関を転々とする保護者ともう一つでは，「自分の仕事もあるのに，この子に手間暇をかけられない」という保護者のタイプである。

　いずれにしても支援者の過度の励ましは，保護者の気持ちの負担になる。支援者にとって第一に大切なことは，目の前の子どものありのままの姿を受け入れることである。第二には，子どもの成長を保護者とともに共感することである。

　障害を受け入れられない時期は，子どもの診断を受けようとしない。この時期の保護者の気持ちは，「経験不足なのに，なぜ受診が必要なのか」と支援者の存在を拒否する時期である。ここでの支援者の対応は，保護者に対して子どもの成長の見通しのなかに診断の必要性を位置づけ，誠意をもって粘り強く対応することが必要となる。

　また，受診後，診断が下されたときの支援者のフォローは，子どもにとって何が有利なのか，保護者に明確に伝えることが最も重要である。

　次に，保育所の事例を述べる。

事例　保護者の障害受容の支援方法

> 　2歳児のM児は，体操の曲が流れると体操はせずに，カセットテープが回る様子をじーっと見ていたり，掃除機のあとを追いかけ回してクラスに居られず，「換気扇」「換気扇」と回るものにこだわり，執着があった。また，目も合わず他者とのコミュニケーションが取れないなどの様子がみられた。保育センターの母子相談に行って，相談を受けるよう保育所側から働きかけをし，何回か保健センター親子教室に参加した。M児が3歳児クラスに進級するにあたり，M児の処遇を一般保育から障害児（統合）保育への転向を勧めた。

　保育所の対応　保護者への説明と理解を得るために以下のような説明をした。一つは，進級後の3歳児クラスは，保育士の配置が保育士一人に児童15人と多くなり，これまでのように丁寧にみることができなくなること。2つ目は，現在，M児がクラスから出て行く，パニックなど，クラス行動が取れない状況なので一人保育士がM児につきっきりの現状であること。3つ目は，3歳児クラスに進級し，M児が放っておかれた場合，本児の安全と成長発達に心配があること。したがって，障害児（統合）保育へ切り替えることで現況を維持し，M児に一人の保育士がつくことが望ましいと保護者へ説明，理解を求めることとした。

母親の理解 診断が出た結果，母親は障害児（統合）保育への転向を承諾したが，M児が医療機関を受診したとき，自分の子どもの障害名「広汎性発達障害」をみたときはショックだったという。母親は，「ショックだったけれど，Mにとって有利なことなので思い切って医療機関に行ってよかったです。障害認定され，いつも一人保育士がついていたことが，Mがクラスから外れても，他の子と違った行動をしても，気にしないでいられ，安心して仕事ができました。」と述べていた。

クラス担任と保護者との信頼関係 担任から医療機関を勧められたとき，「このクラス（2歳児）の担任の先生が，真剣にMのことを心配してくれていたので納得できました。」と述べていた。

この事例で重要なポイントは，M児にとって「最善の利益の方向性は何か」を保育所が母親に示したこと，また，クラス担任が母親の気持ちの支えとなったことが，スムーズな障害受容を実現させた。

障害をもつ子どもの親は，何から何まで自分一人で責任をもって背負っていかなければならないという張り詰めた気持ちや社会に対して裏切られているというような疎外感を感じることがある。そこで自分を受け入れてくれる場所があるということは，とても大きな支えになっているのではないか，保護者の気持ちの支えとしての支援者の役割が大切であるといえる。

D. 支援者の保護者対応のポイント

支援者の保護者対応のポイントの一つは，私的な診断は決してしてはならないこと，「将来は治る，改善できる」など，安易なことを話してはならない。また，医師が決定し，治療方針を出すことに対して異論を唱えたりしてはならない。なぜならば，「治る，といったのに治らない。どうしてくれるのか。責任とってくれ。」など，支援者へのクレームの要因になるからである。障害をもつ親の気持ちの特徴として，自分の子どもを過大評価，あるいは過小評価をし，ありのままの子どもの状態を受け入れられない，ほかの子どもと比較して落ち込んでしまい劣等感をもつなど，がみられる。そのため支援者は，保護者と対応するときに一言一言を大切に話すことが重要である。

次に，支援者の保護者対応ポイントの2つ目を保育所の来所相談の事例でみてみよう。

事例 支援者の対応のポイント

> 来所相談の日，地域の母親が「うちの子少食で食べないんですよね。どうしたらよいでしょう？ 所長と相談したい」との希望で所長が対応する。
> 未熟児で出生後，酸素ボンベが取れないまま退院。子どもの将来が不安，ちゃんと発達していくのか，親として何をしてあげられるのかを考えると頭がおかしくなってしまう。病院の先生方からは，早くから集団保育をしたほうがよい，との助言があったが，保育所入所は可能なのか，という相談であった。

対応：主訴を明確化 面談者の所長は，食べないことの相談ではないこと，障害児をも

●SECTION 3　発達障害をもつ子ども家庭の理解と対応，援助　　115

ち，将来不安であるという主訴を明確にした。「年齢がまだ1歳そこそこで小さいので保育所入所の母子分離より，友達といっぱい遊ばせてあげたい。」「友達との関わりで成長を願いたい」という母親の気持ちが明確になった。

対応：子育て支援を紹介　所長は，保育所の園庭解放事業，親子で参加できる子育て支援事業などを紹介し，子どもと楽しい時間を共有できるように助言した。加えて，母親の持病の通院のときは，保育所の一時保育を利用し，母子分離の体験ができることを紹介した。

母親の理解　所長の助言をふまえ，さまざまな場所で実施されている子育て支援事業に参加した。障害児通園施設の療育支援を受けながら，3歳になると幼稚園障害児枠で入園した。

その後の様子　その後も，母親が悩み，子どもへの進路に悩んだときなどには，継続して来所相談に来て所長と面談した。

　この事例は，相談したいと申し出たことと，相談したかった内容と全く違っていた。相談者が問題点を明確にできない場合の支援のポイントは，支援者が相談者の主訴を明確にし，家庭支援の道筋を明らかし，問題解決にあたること。結果，相談者と支援者との信頼関係が構築できるのである。これが支援者の保護者対応の2つ目のポイントといえる。

1）　きょうだいへの配慮と対応

　障害をもつきょうだいがいる場合，障害をもたないほうのきょうだいが出会う困難には，家庭のなかで感じるものと社会的な関係のなかでの偏見・差別などがある。

　障害をもつきょうだいには，2つのタイプがあり1つは，親の要求に応えようと年齢以上に頑張って家事を手伝い，また，障害をもつ子どもへの介助を担い「自分は我慢して支えになる」というタイプである。2つ目は，社会的偏見のなかで「恥ずかしい」「友達に知られたくない」という気持ちをもつ場合である。いずれにしても，ありのままの自分を表出できず，ストレスを抱えている場合が多いので，支援が必要になってくる。

事例　きょうだいへの配慮

> 　広汎性発達障害をもつ子どもの姉は，小学生の頃からずっと協力的で母親の気持ちを支え続けてきた。ところが，高校2年生のあるとき，「なんで，家にはTがいるの？　いつもいつも我慢ばかりしてきた。Tがいなければ私，こんな思いをしなくて済んだのに。」と母親へ問うた。
> 　突然のT姉の変容ぶりに驚いた母親であった。しかし，思春期の独特な心の訴えと考え「あなたの人生，あなたが決めていいのよ。Tのことはお母さんに任せてね。今までありがとう！」と話し，2人で抱き合いながら号泣したという。

　この事例からわかるように自分の気持ちを押し殺しすぎると，成長してから心にしこりを残し，爆発する場合がある。

　支援者は，障害をもつ子どものきょうだいとして，友人や世間からの誤解や偏見を受けたときの対処方法や障害への正しい知識を伝えること，障害をもつきょうだいがいるから

こそ思いやりが育ち，忍耐力がつく，洞察力が深まる子どもへ成長していく利点があることを保護者へ伝え「どのきょうだいにも目を向けて，共に育つ大切さ」を伝えることが重要な支援のポイントといえよう。

（3） 各施設における障害児家庭への支援方法

A. 保育所・幼稚園での支援

1） 集団保育のなかでの支援とは

　低年齢であればあるほど障害の発見は難しい。しかし，早期発見早期介入の必要性については発達障害者支援法付帯決議のとおりである。年齢が小さい程，専門機関の介入により子どもの発達が促され，問題行動の発症を防ぐことができる。したがって早期の専門的教育が大切であるといえる。また，保育所・幼稚園が障害児保育を実践するに当たっては，専門機関との連携が不可欠といえる。

　障害の特性を理解したうえで障害をもつ子どもを受け入れた場合，「子ども集団のなかでどのようにクラス全体の共生関係を構築していくのか」。それは，障害児を含めた保育を実践していくうえで前提となる課題である。そこで，問われるのが，障害児（統合）保育を実践するに当たっての保育者の姿勢である。次の事例は，その一例である。

事例　集団保育のなかでの支援

> 　3歳で入所したダウン症のＴ君は，まだ歩行ができない。昼寝をする場所（遊戯室）とクラスが離れている。お昼寝終了後，3歳児の子どもたちは布団をクラスの押し入れに収納するため，毎日遊戯室から運ぶ。Ｔ君は，まだ歩行ができないため，友達が運んでくれていた。ある日Ｔ君は，ハイハイしながら布団をずりずり引きずりながら運んでいた。友達は「運んでやるよ」と声をかけてＴ君の布団を運ぼうとすると「ウー」と拒否。Ｔ君がハイハイして，布団を引きずりながら運ぶ日が続いて2週間程経ったある日「先生，Ｔちゃんが立って布団を運んでいるよ！」と布団を持ちながら1，2歩立って歩いては倒れ，また立っては歩く，懸命に布団を運ぼうとするＴ君の姿があった。

友達の応援　懸命に布団を運んでいるＴ君の周りに集まった友達や職員は「頑張れ！頑張れ！」と応援，Ｔ君は誇らしげに，ますます真剣な顔つきになり，クラスまで運ぶことができた。そのとき自然に拍手が湧いた。

母親と喜び合う　お迎えに来た母親に初めて歩くことができたこと，Ｔ君が布団を歩いては倒れ，歩いては倒れながら頑張った姿，みんなの応援があったことを報告。母親は，障害児通園施設から保育所に入所して「この子が無理しているのではないか」と心配していたとのことであった。「友達と関わるなかで成長を願いたい」という母親の気持ちが実現し，ともに嬉し泣きをした。

　この事例は，「みんなと同じように布団を運びたい」という本人の思いが原動力になったといえる。また，そのことを母親へ報告し，喜びを共感し合うことで保護者との信頼関係を構築することができた。

●SECTION 3　発達障害をもつ子ども家庭の理解と対応，援助　117

乳幼児期の障害児特有の課題は，健康，規則的生活，安定した親子関係の形成，基本的生活習慣，基礎的なコミュニケーション能力，遊び，同輩関係，集団生活の適応などが挙げられる。子どもは発達的存在である。発達には各領域があり，段階に沿って発達していくのが基本である。したがって，保育・教育・療育の基本は子どもの発達段階を正確に評価することから始まるが，保育者は，それを適切に行うことが求められる。そして，子どもの発達段階を保護者と共通理解し，支援することが重要である。

B. 児童館などでの支援

　地域にある児童館や公民館は，いつでも，誰でも出入りが自由であり，相談がある場合には，医療機関へ行くよりも抵抗感がない。保健センターに相談するのは，この子の障害を認めるようで抵抗を感じる。また，幼稚園や保育園は年上のきょうだいがいる場合，敷居が高い，という保護者の気持ちがある。それに比べ，児童館や公民館などの相談コーナーは，身近で世間にも恥ずかしくないため，発達相談に適した場所といえる。

　児童センター利用者による相談を以下に述べる。

事例 児童館などでの支援

> 　母親が育児休業中のため，児童センターに2歳と10か月児を連れて3人でいつも来館している。2歳の兄は，室内用の自動車に乗ったり，母親とボール遊びをしたり活発に遊ぶ。
> 　10か月の弟はベビーカーに乗せたまま母親との関わりが少ない。弟が1歳を過ぎても，発語が少なく「アーウー」との母音ばかりで子音が出てこない。母親は「この子，おくてなんです」と気にする様子がなかったが，1歳3か月の時にセンター長へ発達相談をする。

　対　応　所長は，話しかけても振り向かないなど，耳の聞こえも気になることを伝え，保健センター発達相談へつなげる。

　母親の理解　検査の結果，難聴であることがわかり，病院で補聴器を装着するようになった。その後，発語も増加し，子音が出るようになった。母親は，育児休業の延長をし，療育機関での訓練にも参加するようになった。と同時に，保育所の一時保育で他の子どもとの交流を図っている。「Sちゃん，ごめんね。毎日一緒だったのに気づいてあげられなかった。」「耳が聞こえなかったなんて，全然わかりませんでした。先生ありがとうございました。」と母親が語った。

　この事例は，**母親が障害を理解してからの行動が早かった好事例**である。

　問題解決の糸口は，母親が相談したとき，即，対応できる体制づくりがあったことにある。支援者は漠然と対応したのではなく，耳の聞こえが気になることを母親と共通理解したうえで，他機関につなげたことが早期解決をもたらしたといえる。

　児童センターに来館したときの様子などをよく観察し，子どもにとって必要な支援の方向性を見いだし，他機関との連携を図る体制づくりをしておくことが大切なポイントといえる。

C. 保健センター，児童相談所

1） 保健センター・保健所

地域における保健活動・保健サービスの拠点として，市町村レベルでの健康づくりの場となっているのが「市町村保健センター」である。市町村保健センターは，あくまでも地域住民のための健康づくりの場・直接サービスの場という役割を担っているため，子育て中の保護者にとってさまざまな支援・相談機関であるといえる。

- 未熟児・低体重児訪問指導：母子保健法第19条で規定
- 発達・発育相談，栄養相談・指導
- 養育医療（未熟児），療育医療（結核），育成医療（肢体不自由・視覚障害・聴覚障害など）の給付
- 療育相談・指導：障害の早期発見・早期治療を図る
- 乳幼児健診（4か月・1歳6か月児・3歳児）：10か月・2歳児・5歳児・フォロー健診などは市町村によって独自に実施
- 乳幼児相談は，市町村により随時実施

2） 児童相談所

児童相談所は，児童福祉法に基づいて設置され，18歳未満の子どもに関する相談であれば，本人・家族・学校の先生，地域の方々などからのどのような相談でも受けつける。

児童相談所は，子どもの健やかな成長を願って，ともに考え，問題を解決していく専門の相談機関である。

表5-7は児童相談所における子どもの障害に関する相談の種類である。

児童相談所では，子どものあらゆる問題について相談や援助を行っている専門のスタッフがいる。児童福祉司（ソーシャルワーカー），児童心理司，医師などの専門スタッフが相談・サービスにあたる。「どのように子どもを援助していけばいいのか」検討し，最終的に子どもに最も適した指導や援助が決定される。障害認定，障害手帳の発行も児童相談所で

表5-7　児童相談所における障害児に関する相談内容

相談区分		内　　容
	保健相談	一般的健康管理に関する相談 （乳児，早産児，虚弱児，児童の疾患，事故・けがなど）
身体障害相談	視聴覚障害相談	盲（弱視を含む），ろう（難聴を含む）等視聴覚障害を有する児童に関する相談
	言語発達障害相談	構音障害（※注釈1），吃音，失語等音声や言語の機能障害をもつ児童，言語発達遅滞，注意欠陥障害を有する児童などに関する相談
	肢体不自由児相談	肢体不自由児，運動発達の遅れに関する相談
知的障害相談	重症心身障害相談	重度の知的障害と重度の肢体不自由が重複している児童（者）に関する相談
	知的障害相談	知的障害児に関する相談
	ことばの遅れ相談 （知的遅れ）	ことばの遅れを主訴とする相談で，知的遅れによると思われる児童に関する相談
発達障害相談		自閉症，アスペルガー，ADHD，学習障害等の症状を呈する児童に関する相談
ことばの遅れ相談 （家庭環境）		ことばの遅れを主訴とする相談で，家庭環境等言語環境の不備等によると思われる児童に関する相談
その他の相談		措置変更，在所期間延長に関する相談など

●SECTION 3　発達障害をもつ子ども家庭の理解と対応，援助　119

行っている事業である。

　児童相談所は子どもや保護者一人ひとりに深く関わり，子どもの健全な成長を助ける大切な責務を担っている機関といえる。

D. 障害をもつ子ども家庭への支援サービス

1) 経済的支援
  - 特別児童扶養手当：在宅の重度障害児（年齢制限：20歳未満，所得制限，障害制限など有り）

  障害児福祉手当：在宅の重度障害児（年齢制限：20歳未満，所得制限，障害制度などあり）

  重度心身障害児福祉手当：在宅の重度障害児（年齢制限：20歳未満，所得制限，障害制限等有り）
  - 医療費補助
  - 貸付制度（障害児）
2) 手帳の交付（居住地の市町村窓口への申請→審査→都道府県知事より交付）
  - 身体障害者手帳：身体障害児対象
  - 療育手帳：知的障害児対象
  - 精神障害者保健福祉手帳：
3) 療育支援：療育指導，療育訓練等
4) 相談事業

  〈公的機関〉
  - 市町村障害担当窓口
  - 保健センター
  - 主任児童委員・民生児童委員
  - 市町村社会福祉協議会
  - 福祉事務所，児童相談所，家庭児童相談室，発達支援センター
  〈民間団体等〉
  - サポートセンター
  - 障害児者療育機関
  - 医療機関相談窓口
  ＊軽度発達障害児に対する気づきと支援のため，「5歳児健診」の実施拡大を望む。

　あらゆる動物のなかで最も未熟な状態で産まれるのが人間である。周りに依存しないと生きていけない存在である。人は人間として育ち，社会生活を営むうえで，家庭や社会のなかで相互に支え合い，依存し合いながら生涯を終えていくといっても過言ではない。

　特に，障害をもつ子どもは，自立できない場合が多くみられる。しかし，一人ひとりに合った社会での支援体制ができることで解決していく。障害の有無に関わらず，人間らしく生きていけるよう構築していくことが大切である。障害をもつ子どもの家族は，社会の

なかで疎外感を感じたり，さまざまな固有の問題を抱えていることが多い。

したがって，障害をもつ子どもの家族が同じ悩みを共有できる仲間づくりが必要とされている。「障害児をもつ親の会」「自閉症の会」「ダウン症親の会」「視覚障害児親の会」「難聴児をもつ親の会」など，地域にはさまざまな障害をもつ親の辛さ，喜びを分かち合える仲間がいる。そのなかで，子どもの成長を見守ることが重要である。支援者が，これらの大切さを紹介することも障害をもつ子どもの家庭支援として重要である。ソーシャルワーカーとしての資質が求められる一面といえよう。

ここで，埼玉県ダウン症親の会ネットワークホームページからのメッセージを紹介する。

わが子や家族の"しょうがい"と出会って私たちは，たくさんのことに気づいてきました。
たくさんの悲しみや，絶望があったかもしれない。
でも，たくさんの喜びと希望を確かに受け取ったのです。
なにより，この子たちの笑顔に私たちが励まされ，
いろんな出会いと勇気をもらうのです。
ありがとう。みんな，だいすきだよ。
素晴らしい出会いは，より多くの人の心を動かします。
身近な地域の情報や，私たちの意識も
より多くの地域で共有出来たら，いろんな人がちょっとずつ元気になれるかもしれない。
それは地域の大切な資源なのだと，私たちは気づいたのです。

そんな思をもって私たちは，ゆるやかな連携をとり合い
埼玉県ダウン症親の会ネットワーク〈SDN〉を立ちあげて
ホームページを開設し，メールマガジンの発信を行うことを
今ここに，宣言します。
　ノーマライゼーション社会の実現へ向けて

障害の有無に関わらず，子育ての基本は同じである。支援者は，障害をもっているか否かでなく，不得意分野をもつ一人の人間の個性として障害をとらえ，その部分をフォローしていく。縁の下から支えるという気持ちをもって支援していくことが，障害をもつ子どもの家庭支援として大切である。

また，発達障害児をもつ家庭への支援の今後の課題は，就学前の障害の早期発見と療育にどう取り組むか，という点にある。各機関の担当者は常に問題意識をもち，連携を密にしていくことが何よりも求められている。

〈障害者に関する法律と条約〉――――――――――――――――――――――
• 発達障害者支援法の施行について
「放課後等デイサービス」は2012年4月にスタート。従来は障害の種類に分かれ，未就学児と就学児が一緒に通う形態だった。しかし，これは，児童福祉法の一部改正により未就学児のための「児童発達支援」と，小中高校の就学児童・生徒のための「放課後等デイサー

ビス」に分かれ，障害の種別に関係なく通えるようになった。
- 障害者の権利に関する条約（日本政府公定訳）2014年1月20日公布

2013年12月4日締結のための国会承認を得て，2014年1月20日（現地時間）に，ニューヨークにおいて，「障害者の権利に関する条約」の批准書を国際連合事務総長に寄託

「障害者の権利に関する条約」は，条約の規定に従い，1月20日の批准書の寄託から30日目の2014年2月19日から日本について効力

〈文　献〉

厚生労働省：「保育所保育指針」，（平成28年厚生労働省告示第117号，平成29年3月31日付）（2017）

文部科学省：「幼稚園教育要領」，（平成28年文部科学省告示第62号　平成29年3月31日付）（2017）

内閣府・文部科学省・厚生労働省：「幼保連携型認定子ども園教育保育要領」，（平成28年内閣府・文部科学省・厚生労働省告示第1号，平成29年3月31日付）

「発達障害者支援法」(2005)：（平成16年法律第167号　平成16年12月10日付）

最終改正：平成28年6月3日法律第64号

丸山アヤ子：保育所巡回相談（指導）への要望−保育所（園）長・主任保育士の面接調査結果から−，立正社会福祉研究，9巻1)号，p.39 〜 51（2007）

溝口元・：「生命の倫理−科学と福祉の交点−」，(株)アイ・ケイコーポレーション（2002）

定本ゆきこ：「発達障害の子どもの育ちと家族支援，障害者問題研究」，37巻1号，p.2 〜 12（2009）

吉川かおり：「障害のある子のきょうだい支援（特集　母親と家族を支えるという視点−障害のある子どもを地域で豊かに育てるために）」保健の科学，51巻6号，p.372 〜 376（2009）

鶴　宏史：障害のある子どもと家族への支援に関する一考察，福祉臨床学科紀要，7巻，p.51 〜 58（2010）

金谷有子・赤津純子：「特別な支援が必要な子どもの学童保育での生活の実際と課題」埼玉学園大学紀要．人間学部篇，12号，p.147 〜 157（2012）

（丸山アヤ子）

━ SECTION 4 心理・社会的問題をもつ家庭への理解と対応，援助

（1） 複雑な家族関係，問題がある家庭

　　子どもたちは保育所と家庭を行き来しつつ，両方の環境のなかで育つ。保育所生活でよい保育を受けても，生活のほとんどを占める家庭での過ごし方に問題がある場合，子どもの成長・発達に大きな影響を与える。保護者と子どもを別々と捉えるのではなく，親子ユニットとして捉えこのユニットが健やかな状態にあるとき，子どもの発達も保障されると考える。基本は子どもであるが，子どもを守るために健全な家庭生活が必要である。

　　保護者にもさまざまな問題を抱えている人がいる。保護者が落ち着いた生活を送っていなければ，必然的に子どもとのよい関係はつくれない。時に虐待におよぶ場合も多い。乳幼児期の虐待体験はCHAPTER 5，SECTION 1で学んだ通り，子どもの成長発達に大きな影響をおよぼす。保護者から逃げられない子どもの特性から，心理・社会的問題を抱えている保護者支援は大切な保育所の仕事である（表5-8）。安心して悩みを打ち明けられる保育士の存在は，保護者の気持ちを和らげ，問題が大きくなる前によい糸口がみつかることも多い。保護者自身が適正な判断ができない場合もある。対人援助技術を学んでいる保

表5-8　都道府県別「乳児家庭全戸訪問事業」及び「養育支援訪問事業」（平成25年度）

区　分	乳　児　家　庭全戸訪問事業		養　育　支　援家庭訪問事業		区　分	乳　児　家　庭全戸訪問事業		養　育　支　援家庭訪問事業	
	実施市区町村数	実施率（％）	実施市区町村数	実施率（％）		実施市区町村数	実施率（％）	実施市区町村数	実施率（％）
北海道	165	92.2	123	68.7	京　都	24	92.3	19	73.1
青　森	33	82.5	17	42.5	大　阪	43	100	41	95.3
岩　手	33	100	31	93.9	兵　庫	41	100	35	85.4
宮　城	35	100	34	97.1	奈　良	38	97.4	31	79.5
秋　田	22	88	12	48	和歌山	30	100	18	60
山　形	35	100	33	94.3	鳥　取	19	100	16	84.2
福　島	55	93.2	37	62.7	島　根	19	100	15	78.9
茨　城	44	100	34	77.3	岡　山	27	100	27	100
栃　木	26	100	23	88.5	広　島	23	100	15	65.2
群　馬	34	97.1	21	60	山　口	19	100	14	73.7
埼　玉	63	100	44	69.8	徳　島	24	100	24	100
千　葉	48	88.9	26	48.1	香　川	17	100	11	64.7
東　京	55	88.7	53	85.5	愛　媛	19	95	10	50
神奈川	33	100	22	66.7	高　知	24	70.6	16	47.1
新　潟	30	100	19	63.3	福　岡	60	100	55	91.7
富　山	15	100	9	60	佐　賀	20	100	15	75
石　川	19	100	19	100	長　崎	21	100	18	85.7
福　井	17	100	11	64.7	熊　本	44	97.8	23	51.1
山　梨	27	100	24	88.9	大　分	17	94.4	12	66.7
長　野	65	84.4	45	58.4	宮　崎	20	76.9	9	34.6
岐　阜	42	100	24	57.1	鹿児島	37	86	18	41.9
静　岡	35	100	23	65.7	沖　縄	41	100	16	39
愛　知	54	100	42	77.8	全国計／平均	1,660	95.3	1,225	70.3
三　重	29	100	23	79.3	平成22年度	1,639	94.1	1,172	67.3
滋　賀	19	100	18	94.7					

〔注〕　各都道府県には政令指定都市・中核市を含む。平成25年4月1日現在。平成24年度は7月1日現在。
資料：厚生労働省雇用均等・児童家庭局「子どもを守る地域ネットワーク等調査の結果（平成25年度調査）」2015

●SECTION 4　心理・社会的問題をもつ家庭への理解と対応，援助　　123

育士への期待は大きくなっている。ソーシャルワークへの理解・利用方法など地域との連携も含めて培っていくことを求められる。

ここで要保護児童(保護者のない児童または保護者に監護させることが不適当であると認められる児童)と、要支援児童(乳児家庭全戸訪問事業等により保護者の養育の支援が特に必要と認められる児童)のことについて理解しておこう。

保育所でも保護と支援を必要とする家庭が確実に増えている。

さまざまな事例から家庭の抱える問題について理解を深め、対応の方法を社会福祉の視点からもみていこう。

A. 離婚問題を抱えている(図5-11参考)場合

事例 離婚調停中の家庭

> おどおどした表情の4歳児女児であった。家庭内暴力による離婚調停中のため、父親が本児を取り返しにくる場合もあるとのことであった。もし、保育所に来た場合は弁護士より預かった書類をみせて本児を守ってほしいとのことであった。
>
> 母親は看護師のため祖母による送迎が多かった。入所して2か月が過ぎ女児も落ち着いてきたとき、突然父親が、女児の兄を連れて園を訪れた。父親の姿を発見した女児は、机の下に隠れた。園長と主任で対応し訪問理由を聞くと、「子どもに会いたい」とのことであった。意外と落ち着いた雰囲気だったので会わせられないことを伝え、事情を伺った。
>
> 父親は復縁を強く願っていることと兄弟が別々に暮らすことの不安を話した。園長から女児の様子や兄弟のあり方など説明したところ、納得して帰った。女児が「兄には会いたい」といったので、別室で兄弟だけ会わせた。半年振りであったため、抱き合っていた。母親には事後連絡した。

対応：保護者の意向を確認し、本児の安全を第一にした。保護者が精神的に不安定になるので、相談の機会を多くもった。その後、園長との話が功を奏したのか、父親が離婚に応じ兄の親権も母親へ渡した。

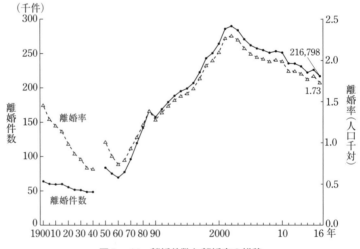

図5-11　離婚件数と離婚率の推移

〔注〕離婚率：人口1,000対。1947年から1972年は沖縄県を含んでいない。1945年は欠損値。
資料：厚生労働省政策統括官付参事官付人口動態・保健社会統計室「人口動態統計」

B. 保育所における先妻と後妻の出会い

事例 人間関係が複雑な家庭

> U君は4歳。二つ下の妹Mちゃんと一緒に保育所に入所してきた。妹をよくかわいがり園庭でもよく一緒に遊んでいる。しかし、本当はMちゃんからみるとU君は叔父さんである。同じ家にいるので、担任以外は説明されないとわからない。U君は後妻の子であり、Mちゃんは先妻の子どもの子である。お父さんからみればMちゃんは孫である。ここまではよいのだが、時々こんなことが起きる。お迎えのとき、先妻さんが自分の孫Mちゃんをお母さんに頼まれてお迎えに来る。後妻さんも自分の子どもを迎えにくる。保育所のなかでばったりと出会うこともある。

対応：保育士は、二人の子どもに心の負担をもたせないように配慮していた。それぞれの家庭に関わり、園内での対立を回避するようにした。ただ、家庭内で保育してくれる人がいないらしく、降園後、駅前でうろつく二人をみかけたりすることがあり、不安は残っている。

C. 経済問題を抱えている場合

事例 事情により貧困になった家庭

> 父親が交通死亡事故の加害者となり刑務所に入所してしまった。収入が途絶え、自宅は競売にかかってしまった。母親は被害者宅との軋轢で、大変な思いをしていた。男児兄弟を園に預けて、新しい職場を探した。一人男児に軽度発達障害があり、転園は考えていないとのことであった。

対応：園でできる協力はすることを話し、寄り添うようにした。親戚も頼れないとのことだったので、生活保護や市営住宅などのことも話した。母親は、子どものために生活を変えたくないと持ち家から出なかった。送迎時に必ず声がけをしたが園としては見守り、最終的には母親の判断に任せた。

（2） 障害がある子ども，保護者がいる家庭

A. 保護者が障害をもっている家庭の場合

事例 保護者がろうあの障害をもっている家庭

> I君とRちゃんは兄弟。入所依頼は地域の保健師。I君の言語発達の遅れとRちゃんの言語獲得を心配しての依頼であった。早速、面接をしたところI君は3歳。また、「うー」「つー」など意味の取れない発音しかできなかった。目の動きはしっかりしていて保育士の話を聞いている様子であった。不安からきていることも想像できたが、表情のなさが気にかかった。お母さんにろうあの障害があり、言語を覚える時期にその環境がなかったためと判断された。入所手続きを案内したところ、離婚したばかりで仕事をしていなかった。保育に欠けていない状態のため入所許可が下りなかった。そこで、障害者作業所を紹介し、就職支援から始めた。一か月後就職が決まり、入所することができた。最初は筆談と連絡はFAXであった。子どもの体調不良や行事の連絡など、ちょっとしたことが保護者にきちんと伝わっていなかったりして、誤解から保護者が泣くような場面もあった。

●SECTION 4　心理・社会的問題をもつ家庭への理解と対応，援助　　125

三か月が過ぎ，I君の表情がとても豊かになっていった。まだ，出ている言葉は少ないが，保育士や友達と話そうとしている。保育士もゆっくり口の動きが見えるように話し，発音をI君が獲得できるように心がけた。言葉に意味があることを理解し，徐々におしゃべりする楽しさを味わっていった。一年後には友達と違和感なく，遊びのなかで会話できるようになった。

　保護者支援で，担当保育士が手話を学び対応した。保護者は不慣れな保育士の手話でも学んでくれた保育士の態度に感激し，保育者への信頼が増したようである。自分に寄り添ってくれたことが何より嬉しいと伝えてきた。それからは，大きなトラブルもなく支援していくことが出来た。

　　対応：言葉が出たときは繰り返し言葉を返し，会話を楽しむように心がけた。話すことが楽しく，自分の思いが伝わることが嬉しいという体験を積み重ね，言語習得を促した。一年後には他児との会話に差はなくなった。

B. 子どもが障害をもっている家庭（表5-9参考）の場合

事例　軽度発達障害をもつ子どもがいる家庭

　入所申し込みで初めて訪れたとき，プールに洋服ごと飛び込んだ。会話はできていたが軽度発達障害が疑われた。幼稚園に行っていたが本児に合わせた対応をしてくれないと不満を漏らしていた。毎日走り回り興味が転々とし，落ち着きのない子どもにみえた。鍵を開け外に出ようとしたこともあった。担任は目が離せず，保育への支障も出てきた。ちょうど，保育参観があり保護者がわが子の様子を把握することが出来たことをきっかけに，保護者との話し合いをもった。

　　対応：保護者の疑問に答えるような時間を設けた。家庭での様子と園での様子を突き合わせ，どんなところが気になるのか話し合った。保護者が育て方の問題を出したので，注意欠陥多動性障害（ADHD）が疑われることと，そうであった場合養育の問題ではないことを話した。その後，一緒に児童相談所に行ったり療育支援場所を探したりして対応した。小学校は特別支援学級に進んだ。余談であるが，一緒に入所した下の子も他人に対して目をつぶって見ようとしなかったり顕著なこだわりがあったりした。同じように対応し，相談機関で自閉症と判断された。障害児と判定された後の保護者支援は重要である。子どものいる幸せ感をもちにくい。一つひとつの成長をともに喜び，社会福祉の手続きなど支援していくことで，この子どもと生きていこうと気持ちが決まるようである。そこで一人にしないことが大切と考える。

事例　知的障害がある肥満の子どもがいる家庭

　知的障害はあるが会話はでき話の内容も理解できる。丸々とした体と人懐っこさ，誰にでも話しかける子どもであった。ただ，障害をこれ以上進めないために一日1,000キロカロリーを維持しなければならなかった。

　　対応：家庭で食べたカロリーを園に伝えてもらい，給食を調整することとした。しかし，看護師をしている保護者にはカロリー計算がとても大変でなかなか連絡帳に記入

126　　●Chapter 5　要保護児童およびその家庭に対する支援

がなかった。そこで，園で食べるカロリーを連絡し，家庭で調整してもらう方法に切り替えた。また，提携しているスイミングスクールにも協力してもらい，プール指導をお願いした。体重の増加が抑えられるようになって，保護者はほっとしていた。保護者の立場に立っての支援の必要性を大きく感じた事例であった。

表5－9　通級による指導を受けている児童生徒数（平成28年度）　　　（人，％）

区　分	小学校	自校通級	他校通級	巡回指導	中学校	自校通級	他校通級	巡回指導	合　計	
言 語 障 害	36,413	15,154	19,986	1,273	380	157	179	44	36,793	(37.4)
自 閉 症	13,551	6,770	6,314	467	2,325	1,035	1,084	206	15,876	(16.1)
情 緒 障 害	9,783	5,278	4,060	445	2,041	863	1,064	114	11,824	(12.0)
弱 視	161	20	130	11	18	2	14	2	179	(0.2)
難 聴	1,677	289	1,209	179	414	67	275	72	2,091	(2.1)
学 習 障 害	11,636	8,110	2,408	1,118	2,907	1,843	696	368	14,543	(14.8)
注意欠陥多動性障害	14,625	8,579	5,045	1,001	2,261	1,136	846	279	16,886	(17.2)
肢体不自由	69	10	29	30	23	2	3	18	92	(0.1)
病弱・身体虚弱	13	5	6	2	14	5	7	2	27	(0.0)
計	87,928 (89.4)	44,215	39,187	4,526	10,383 (10.6)	5,110	4,168	1,105	98,311	(100.0)

〔注〕複数の指導を受けている場合は，該当するもの全てをカウント
　　　通級による指導：小・中学校の通常学級に在籍している障害の軽い子どもが，ほとんどの授業を通常の学級で受けながら，障害の状態等に応じた特別の指導を特別な場（通級指導教室）で受ける指導形態。平成28年5月1日現在
資料：文部科学省初等中等教育局特別支援教育課「平成28年度通級による指導実施状況調査」2017

（3）　回復困難な疾病をもつ家族がいる家庭

A．精神的な病をもつ保護者の場合

事例　保護者が精神疾患を患い，子どもにも精神的影響を与えている家庭

　　普段から大変細かくチェックするお母さんであった。担任保育士は，連絡帳など非常に気を使いながら対応していた。担任保育士からは，どのような対応がよいのか相談をかけられていた。ある日，保護者のほうから「主任保育士に相談がある」と連絡が入った。自分の入院と，子どもを兄嫁にみてもらうことの不安を相談に来たいとのことであった。保護者の病を治すことが一番に大切なことであったが，兄嫁への不信感から自分の入院もやめてしまった。その後，症状が悪化し薬を大量に飲んでしまったり他の保護者を非難したりとさまざまなトラブルが起きた。それに伴い，子どもたちも精神的に不安定になり，休むことも多くなってきた。お迎えのときなど子どもが親に甘えるしぐさをすると邪険に振り払ったり，保護者のほうが，先生と話したいらしく事務所に座り込む姿も見られた。園児は5歳児の姉と3歳児の弟であったが，姉のほうが「お母さんが薬をいっぱい飲んだ」と登園後話したため，急遽祖母宅に連絡し安全の確認をしたこともあった。しかし，保育園への信頼は高く子どもは預け続けた。

対応：最初は保護者の病のことが理解できず，園側もどうしてよいかわからないときもあった。就労証明のことから診断書がもらえ，担任の理解も進んだ。主任が家族

●SECTION 4　心理・社会的問題をもつ家庭への理解と対応，援助　　127

から家庭での様子を聞き，また園での様子を話し協力を提案した。家族もお願いしたいということだったので，具体的に出勤時の声がけや子どもの連絡を通しての会話をより豊かにしたりした。感情的に園へ意見を押しつけることも少なくなり，自分を受け入れてもらっている安心感からか子どもへの対応も穏やかになった。

事例 保護者が精神疾患を患い，子どもの面倒がみられない家庭

> 保護者の精神的な病と，2歳児と3歳児の兄弟の面倒を祖母がみていたため，共倒れになると考え入園した。保護者は看護師として働いてきた。登園時は祖母と一緒に送ってきた。不安そうな視線であったが，子どもに対しては優しいまなざしをもっていた。発症原因は，仕事のストレスと元気な男の子の兄弟なので育児不安からとのことであった。病になって迷惑をかけていると話していた。

対応：外からみて，病には見えないのに子どもを預けていることを，申し訳ないと感じているようであった。登園・降園の送迎時に，病気治療を焦らないことや保護者の今の笑顔が子どもたちにもよい影響があるなど応援している姿勢を伝えた。保育所はこういうときのためにあることなども話した。おどおどしている様子が少しずつ減り，笑顔が自然に出るようになってきた。子どもに関わることも積極的になり，卒園時には職場復帰がかなった。

B. 完治困難な疾病をもつ子どもがいる場合

事例 重篤な疾病を患う子どもがいる家庭

> 4歳児男児であったが腎臓がんで一つ摘出手術を受けていた。2歳の妹も同時入園。抗がん剤のため，頭髪はなく帽子での登園であった。長い入院生活の後の初めての集団生活なので，不安そうな表情であった。妹も保護者が兄の闘病に付き添うため祖父母に預けられていた。2歳児にしては表情がなく，担任は心配していた。保護者も子どものことを心配しつつ，公務員として厳しい勤務に臨んでいた。

対応：4歳児については，体調変化の確認と友達関係づくりを担任が心がけた。集団遊びや病の話などを通して友達の理解を深め，また，子ども達自身の健康への関心ももたせた。2歳児担任は，毎日スキンシップに努め，関わることで愛着の形成をはかった。兄のほうは最初何をするにも所在なげな様子が見られた。泥んこ遊びの季節のころになると髪の毛も伸びてきて，砂場で山づくりが友達とできるようになってきた。怖がっていた大型遊具の上も友達の誘いに乗って上がれるようになった。一つひとつが自信に結びついたようで，半年が過ぎたころから4歳児らしい快活な笑いをみせるようになってきた。5歳児の夏。プールに入るとき，手術跡の傷を友達に誇らしげにみせていた。妹は複数担任から担当を決め，保育を進めた。いつもムスッとした表情で，心を許していない様子が伺えた。食事や睡眠に誘うときなど，和ませるような歌などで誘い，くすぐりっこなど豊かなスキンシップも心がけた。繰り返し遊びのなかで笑顔がみられるようになってきて，

128 ●Chapter 5 要保護児童およびその家庭に対する支援

担任に読んでほしい絵本を持ってくるなど2歳児らしい甘えがだせるようになった。保護者の看病疲れも理解できたので，慰労の声がけと一緒に乳児期の愛着形成の重要性を説明した。父親の協力も得られ，家庭での親子の関わりも心がけてくれた。

事例 重篤な疾病により，運動機能が低下している子どものいる家庭

> 入所の説明会のときから，保護者はB君の短命を悲観していた。病名は進行性筋ジストロフィー。アキレス腱の萎縮が顕著で2年間で3回の手術を受けた。B君は自分のできることは何でもチャレンジしようとする子であった。

対応：園側としてはできることは何でも取り組ませ，そのことで少しでも体力がつけばと他児と同じに接した。同時に保護者の心情に配慮し，悩みを聞くようにした。5歳児になり，鼓隊の大太鼓を演奏したいと希望したときはクラスの子どもたちの了解のもと太鼓を持ち上げる職員を配置し，涙の運動会となった。このことが保護者にも大きな転機となり，B君なりの成長を見守り楽しむ心の余裕となった。爪先立ちの卒園証書授与であったが，小学校へ入学することができた。

　以上，10例の事例ケースを学んだ。「保育所保育指針第4章 子育て支援」にもソーシャルワークの必要性が取り上げられている。保育士などが行う家庭支援は保護者や子どもが抱えている問題に個別に関わることが多い。一つひとつのケースが家庭状況も条件も違う。心理・医療・行政システムなど駆使して対応しなければならないこともある。CHAPTER 1. 家庭支援の意義と役割でも学んできたと思うが，つい，自分の価値観で保護者の生き方や悩みを分析してしまうと思う。保育士として，まずは，真摯に出来事を捉え保護者支援の原点に立つ姿勢が大切である。

　実際の保育現場での事例から，保育士としてどのようなことに配慮したらよいのか整理してみよう。原因や悩みは，どんなところにあるのか，そのことが子どもの成長にどんな影響があり，発達を含めて日常の行動にどんな影響がでているのかしっかり確認をする。保護者も問題解決が一歩でも進むようにする。そのことで家庭が落ち着き，子どもの抱える問題行動も改善する。保護者支援を通して健全育成への道筋が図られるよう配慮していくことを保育士は求められている。そのためにも，施設だけで抱えこまず，さまざまな支援方法を探り捉える視点が大切である。社会的な福祉の関係機関・行政・教育機関など利用できる情報や，日ごろからの連携はそのことを可能にする。基本的なポイントを整理してみる。

　第一に，保護者が抱えている問題の原因を知る。
　第二に，知り得た個人情報は，漏らさない(守秘義務)。
　第三に，保護者がどんな支援を望んでいるか把握する。
　第四に，その支援は保育所だけで支援できるのか探る。
　第五に，必要に応じて関係機関と連絡し合い，また必要機関を保護者に紹介する。
　第六に，保護者自らその改善に向かって動けるように寄り添う。

●SECTION 4　心理・社会的問題をもつ家庭への理解と対応，援助　　129

保育者は,「子どもの最善の利益」自らからの力だけでは生きていけない乳幼児期こそ慈しみ育まれる環境の保障が子どもの成長発達には欠かせない必須要件であることをもう一度心に留め置こう。要保護児童対策や,児童虐待防止ネットワークの状況を表5－10,表5－11,図5－12から確認しておこう。

表5－10 市町村での要保護児童対策地域協議会及び児童虐待防止ネットワークの状況(平成25年度)

(市区町村,%)

区　　　分		都　道　府　県					政令指定都市	合　計
		市　区 (30万以上)	市　区 (10～30万未満)	市　区 (10万未満)	町	村		
市区町村数		61	207	522	746	184	22	1,742
地域協議会		61	207	521	732	176	22	1,722
	割合	(100.0)	(100.0)	(99.8)	(98.1)	(97.3)	(100.0)	(98.8)
ネットワーク		0	0	1	9	2	0	12
	割合	(－)	(0.0)	(0.2)	(1.2)	(1.1)	(－)	(0.7)
小　　　計		61	207	522	746	184	22	1,742
	割合	(100.0)	(100.0)	(100.0)	(100.0)	(100.0)	(100.0)	(99.7)

〔注〕 平成25年4月1日現在。
資料：厚生労働省雇用均等・児童家庭局総務課「子どもを守る地域ネットワーク等調査」2015

表5－11 都道府県別,要保護児童対策地域協議会及び児童虐待防止ネットワーク

1. 都道府県ごとの地域協議会又はネットワークの設置状況(2013年4月1日現在)

(市区町村,%)

区　分	地域協議会	ネットワーク	全　　体	区分	地域協議会	ネットワーク	全　　体
北海道	179 (100.0)	― (―)	179 (100.0)	滋　賀	19 (100.0)	― (―)	19 (100.0)
青　森	40 (100.0)	― (―)	40 (100.0)	京　都	26 (100.0)	― (―)	26 (100.0)
岩　手	33 (100.0)	― (―)	33 (100.0)	大　阪	43 (100.0)	― (―)	43 (100.0)
宮　城	35 (100.0)	― (―)	35 (100.0)	兵　庫	41 (100.0)	― (―)	41 (100.0)
秋　田	25 (100.0)	― (―)	25 (100.0)	奈　良	39 (100.0)	― (―)	39 (100.0)
山　形	35 (100.0)	― (―)	35 (100.0)	和歌山	30 (100.0)	― (―)	30 (100.0)
福　島	52 (88.1)	7 (11.9)	59 (100.0)	鳥　取	19 (100.0)	― (―)	19 (100.0)
茨　城	44 (100.0)	― (―)	44 (100.0)	島　根	19 (100.0)	― (―)	19 (100.0)
栃　木	26 (100.0)	― (―)	26 (100.0)	岡　山	27 (100.0)	― (―)	27 (100.0)
群　馬	35 (100.0)	― (―)	35 (100.0)	広　島	23 (100.0)	― (―)	23 (100.0)
埼　玉	63 (100.0)	― (―)	63 (100.0)	山　口	19 (100.0)	― (―)	19 (100.0)
千　葉	52 (96.3)	2 (3.7)	54 (100.0)	徳　島	24 (100.0)	― (―)	24 (100.0)
東　京	61 (98.4)	1 (1.6)	62 (100.0)	香　川	15 (88.2)	1 (5.9)	16 (94.1)
神奈川	33 (100.0)	― (―)	33 (100.0)	愛　媛	20 (100.0)	― (―)	20 (100.0)
新　潟	29 (96.7)	― (―)	29 (96.7)	高　知	34 (100.0)	― (―)	34 (100.0)
富　山	14 (93.3)	― (―)	14 (93.3)	福　岡	57 (95.0)	3 (5.0)	60 (100.0)
石　川	19 (100.0)	― (―)	19 (100.0)	佐　賀	20 (100.0)	― (―)	20 (100.0)
福　井	17 (100.0)	― (―)	17 (100.0)	長　崎	21 (100.0)	― (―)	21 (100.0)
山　梨	27 (100.0)	― (―)	27 (100.0)	熊　本	45 (100.0)	― (―)	45 (100.0)

長野	77 (100.0)	—	(—)	77 (100.0)	大　分	18 (100.0)	—	(—)	18 (100.0)
岐阜	42 (100.0)	—	(—)	42 (100.0)	宮　崎	26 (100.0)	—	(—)	26 (100.0)
静岡	35 (100.0)	—	(—)	35 (100.0)	鹿児島	43 (100.0)	—	(—)	43 (100.0)
愛知	54 (100.0)	—	(—)	54 (100.0)	沖　縄	38 (92.7)	—	(—)	38 (92.7)
三重	29 (100.0)	—	(—)	29 (100.0)	全　国	1,722 (98.9)	14 (0.8)		1,736 (99.7)

〔注〕（　）は，各都道府県内における設置済み市区町村の割合
各都道府県には政令指令都市・中核市を含む
出典：厚生労働省・児童家庭局総務課，「市町村の児童家庭相談業務の状況及び要保護児童対策協議会（子どもを守る地域ネットワーク）の設置状況等について」（2013）

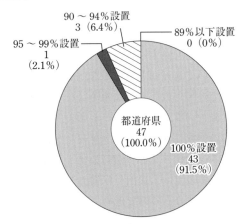

図5−12　設置済み市区町村の割合別，都道府県数

〈文　献〉

日本子ども家庭総合研究所編：「日本子ども資料年鑑2018」KTC中央出版(2018)
川原佐公・今井靖親編著：「分かる・役に立つ現代の保育原理」保育出版社(2004)
子どもと保育総合研究所森上史朗監修：「最新保育資料集」ミネルヴァ書房(2010)
児島美都子・内山治夫編：「よく分かる専門基礎講座社会福祉」金原出版(2010)

（森　静子）

子ども家庭支援の課題と展望

SECTION 1　子育て支援サービスの課題と対応

（1）　保育相談支援（保育指導）

　　核家族化が進み，子育てを一緒にやってきた地域社会も大きな変容を遂げつつある。空き地などで遊んだ場所はなくなり，交通事故の危険性も増大している。また，豊かな自然環境・子どもの遊び空間も減少しつつある。子どもの声が戸外（地域）で聞こえなくなって久しい。子育てにおいても互助を担ってきた地域社会であるが，職住分離が進み，人々の意識も変わるなかで地域の人間関係は希薄になりつつある。

　　こうした時代の流れのなかで，親や子どもの生きる力を弱めてはいないだろうか。かつての地縁・血縁型の子育て支援のネットワークが弱体化し，それに代わるべき社会的子育て・子育て支援のネットワークの整備が必要とされてきた。

　　子育て支援の取り組みは，公民館や保健センター，つどいのひろば，ファミリーサポートセンターなどさまざまなところで進められている。なかでも保育所の保育士が実施する保護者支援もとても重要である。この保護者支援は，「保育」の知識や技術を基にした，専門的な援助行為であるといわれている。

　　保育士が行う保護者に対する保護者支援は，「保育に関する専門的知識・技術を背景としながら」と児童福祉法第18条の4にあるように保育の専門性を基盤としており，臨床心理士やソーシャルワーカーとは異なる専門的援助行為である。

保育士の専門性である6つの技術として

「発達援助の技術」：子どもの発達に関する専門知識を基に子どもの育ちを見通し，その成長・発達を援助する技術

「生活援助の技術」：子どもの発達過程や意欲をふまえ，子ども自らが生活していく力を細やかに助ける生活援助の知識・技術

「環境構成の技術」：保育所内外の空間や物的環境，さまざまな遊具や素材，自然環境や人的環境をいかし，保育の環境を構成していく技術

「遊びを展開する」：子どもの経験や興味・関心をふまえ，さまざまな遊びを豊かに展開していくための知識・技術

「関係構築の知識・技術」：子ども同士の関わりや子どもと保護者の関わりなどを見守り，その気持ちに寄り添いながら適宜必要な援助をしていく知識・技術

「保護者などへの相談・助言技術」：保護者などへの相談・助言に関する知識・技術

などが挙げられる。こうした「専門的な知識・技術」をもって子どもの保育と保護者への

支援を適切に行うことはきわめて重要だが，そこに知識や技術，そして倫理観に裏づけられた「判断」が強く求められる。日々の保育における子どもや保護者との関わりのなかで，常に自己を省察し，状況に応じた判断をしていくことは，対人援助職である保育士の専門性として欠かせないものである。なお，子育て支援については今度の保育指針において，第4章子育て支援として独立した章立てになっている。保育所を利用している保護者とともに，地域の保護者に対する子育て支援も重要であり，一時預かり事業などの活動も日常保育との関連に配慮し，柔軟な活動の展開ができるとよい。

子育て支援は，知識や技術だけで行われるのではなく，その基盤には子どもの最善の利益の尊重やよりよい親子関係への支援，保護者の養育力の向上に対する支援，といった保護者支援の原理を互いに大切にする，受容と共感，保護者の自己決定の尊重といった支援のための基本的姿勢や倫理が挙げられる。

また，子育てで孤立しないように，安心して親が子育てを喜びとして行えるように，地域へ広がっていけるような支援をしていきたいものである。最近では，家族全体・近所の人々など地域ぐるみで子育てをしてきた支え合いが少なくなり，親だけが子育てを抱え込まざるを得ない状況である。しかも，少子化で，兄弟数も少なく，親になるまで赤ちゃんを抱いたことも，触ったこともない人が多いのが現状である。

こうした状況のなかで，地域社会ではみんなで子育てができるような「育児サークルなどの子育て支援活動」や「虐待などに対する個別援助活動」などがあるが，孤独な子育てにならないように，たくさんの目が必要である。

（2） 子育て支援活動に求められる基本姿勢

子育て支援の場では，親からの相談やいろいろなことを尋ねられることがある。そのようなときの基本姿勢とは，聞き役になりきることである。親から質問されると答えを出さなければと，一生懸命になりすぎて，自分の考えを押しつけないように気をつけ，自分の判断で相手をみることのないようにすることが大切である。

子どもの育ちや子育てを応援していくことは，日常のなかで子どもや親の言葉や事柄を，「聞く」のではなく，気持ちや思いを察して「聴く」ことに努め，そして，一緒に歩むことである。

対人援助の仕事をしている保育士は，人と人との心をつなげて，そこに分かち合いの場を築くことに務める。よって，人間関係づくりの「触媒役」ともいわれている。司会進行や仕切り役ではない。その人がいると何となく話しやすい，場が和む，話に詰まった人に気安く助け船を出してあげられるとよい。なお，保護者や子どものプライバシーを保護し，知り得た事柄の秘密を保持することはいうまでもない。

A. 保護者支援の目的

子育て支援は，親が「親である力」を信じて支えることにある。親が，現在，すでにもっている力に気づき，自信がもてるように支えることは，保育者の役割である。

たとえば，夕方お母さんが，お迎えに来て荷物をまとめてお帰りのしたくができたとき，Ｓちゃんはお母さんのそばで「…なら」といって頭をぴょこんと下げた。お母さんは，すか

●SECTION 1　子育て支援サービスの課題と対応　133

さず一緒に「さようなら」といってお辞儀をした。

　保育者は，「さようなら」と応えながら，お母さんに「今のすてきでしたよSちゃんの「…なら」に合わせて，さようならをしていただいてよかったですよ」と褒めると，お母さんは何気ない会話にも，それでよかったのかと微笑んだ。

　子どものいいたい気持ちをつないで，正しい言葉で繰り返してやることによって，だんだん言葉もでてくると思う。

　保護者の，子どもに対しての何気ない行動を捉えて，それを認めることは，保護者の「親である自信」を支える保育者の基本的技術である。

B．愛着行動と愛着関係の成立する臨界期

　6〜7か月頃の赤ちゃんは，まだしゃべらないからといって，スマートフォンをいじりながらミルクを飲ませていたお母さんがいた。保育士の問いかけの「おなかがすいたの？」「遊んでほしいの？」「おむつがぬれたの？」と子どもの目を見て話しかけているやり取りをみて，そのお母さんは，赤ちゃんは何もしゃべらないけれど話しかけるんですね。と具体的な場面をみて気づく。

　この時期に，親あるいはそれに代わる人が，いかに応答的で適切な世話を提供できるかどうかが最も重要で，このときの大人の対応が，子どものなかに形成される心理的な絆（愛着）の質を決定し，将来の子どもの対人関係の基礎を形成するといわれている。このことを伝えていくことは大切な支援である。

C．「あなたが笑えば，私も笑う」

　自分の世話をしてくれる大人の笑顔に触発されて，赤ちゃんの笑顔が生まれる。子どもとのやり取りを楽しめる生活こそ笑いの根源である。幼い子どもの笑いが多いか少ないかは，世話をしてくれる大人と子どもの心の通い合いが，どれほど豊かであるかを計るバロメーターになる。笑いは，人と人との関わりを，気持ちよく成立させる最も有効な手段である。たとえば，昔からある伝承あそびの「おつむてんてん……」「いないいないばあ……」「しゃん，しゃん，しゃん」などを保護者と一緒に行い，やり方を知らせるとともに楽しい雰囲気を伝えていく。

　人間というものは，乳幼児時期に，自分の喜びを与えてくれることを喜びにしてくれる育児者（親，あるいはそれに代わる人）の愛情に恵まれなければならない。とフランスの心理学者アンリ・ロワンの研究にある。

　人間らしいコミュニケーション，人間にとって最も大切な情緒は，喜びを分かち合うところから始まる。他者と喜びを分かち合う経験を十分にした子どもは，そのあとに他者と悲しみを分かち合う感情，つまり思いやりの心……のようなものも生まれるという。この時期でなければできない働きかけをしっかり伝え支援していこう。

（3）　保護者の養育力の向上

　保育士は子どもの最善の利益を掲げると，どうしても，子どもの側に立ってしまうことがある。単純に子どもの側に立つということは，実際には子どもの側に立っていることに

はならない。この親にこうなって欲しいと思ったら，まず親の側に立たなければならない。

　保護者のそれぞれの都合で，保育所へのお迎えが早い子と遅い子がいる。それは仕方のないことだが，最近では，仕事から帰ってきても，なかなかお迎えに来ないという保護者がいる。

　ある日の夕方，予定の時間を過ぎてもお迎えに来ないKちゃんの自宅に電話をすると，お母さんが電話口に出た。「Kちゃんがお母さんのお迎えを待っていますよ」と伝えるとお母さんは「今帰ってきたので，シャワーを浴びてから行きます」とのこと「え？」と本心はびっくりしたがぐっとこらえて，「そうですか」と返した。よく聴いてみると，病院の看護師さんで菌を持ち込まないためだという。

　何回か繰り返しているうちに，早くお迎えに来るようになり，Kちゃんの嬉しそうな姿を一緒に喜んでいるうちに，職場からまっすぐ迎えに来るようになった。お母さんを責めずに，お母さん自身が癒されるのを待つことの大切さも，事例を通して伝えることが大切である。

　保護者の保育参加による気づきも重要である。
- 離乳食の与え方や細かく切った薄味の給食に子どもの食事の味つけを知る。
- 1歳児が，靴を履く時に保育士が，履きやすいように靴を広げてやるのをみて，「そうすると1人で履けるのですね」と母も対応を考えたようである。
- 2歳児のNちゃんは，靴下を履かせようとしたら，自分で，自分でと母を困らせていた。「2歳児クラスではみんな自分で，という年齢です。大きくなりましたね」と伝えると安堵の色がみえた。日常的な何気ない行為のなかで，子どもの発達の状態を解説したり，さりげなく保護者に行為の体験を促したりすることによって，保護者の子育てや「親である力」を支える。

　保護者支援のレベルアップとは，新たな知識や技術を付加することではなく，保育者の専門性を基盤として行われる行為を意識化（何を意図して，どのような行為で）することによって，成立する。

〈文　献〉

厚生労働省：保育所保育指針, (2017)

柏女霊峰：「子育て支援と保育者の役割」，フレーベル館(2003)

柏女霊峰監修：「保護者支援スキルアップ講座」，ひかりのくに(2010)

（久保美和子）

SECTION 2 世界の子育て

(1) 子育て支援の類型化

　多くの先進諸国の合計特殊出生率は，人口を維持するために必要とされる2.08を1970年代に下回った（図6-1）。以来，ほとんどの先進緒国で合計特殊出生率は低下したままであり，いわゆる少子化は，日本のみならず先進諸国共通の課題であるといえる。このような状況のなか，世界各国でさまざまな形態で子育て支援が展開されている。子育て支援が展開される背景としては，都市化や文明化が急速に進むことで育児環境や子どもが育つ環境が大きく異なり，さらには女性の社会進出などと相まって，家族内，特に母親だけで育児を行うことが困難となり，育児を行ううえで社会的なサポートが不可欠になっている。

　子育て支援の内容についても，国ごとの状況や社会保障や社会福祉などに対する国家政策の方針，また育児に対する国家や国民の意識など多くの要因により各国ごとに異なるが，おおまかに類型化すると，いわゆる市場を中心に展開されるアメリカ型，福祉政策を政府主導で行っているスウェーデンやデンマークなどの北欧型，そして，日本やフランスなどのように，アメリカ型と北欧型の中間に位置する中間型に分類される。ここでは，アメリカおよびスウェーデン，フランスの保育サービス，そして育児にかかる経済的支援を目的とした児童手当および税制について比較する。

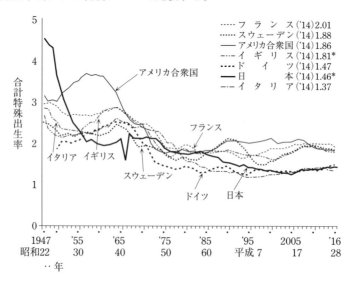

図6-1　各国の合計特殊出生率の推移
出典：厚生労働省：「人口動態統計」，「国民衛生の動向」，2017/2018

(2) 保育サービス

　アメリカは連邦制のため合衆国統一の制度はなく，州によって保育施設の名称や目的，内容などが異なる。日本の保育所に相当するものとして，3歳から4歳児を対象にしたプレスクール（Preschool），6か月から3歳児を対象としたプリナーサリースクール（Pre Nursery School），4歳児を対象としたプリキンダーガーテン（Pre Kindergarten）などがあ

る。また日本の幼稚園にあたるキンダーガーテン(Kindergarten)に入る前の子どもを対象とするデイケアセンター(Day Care Center)があり，親の就労中に子どもを預かっている。いわゆる施設型保育サービスであるデイケアセンターなどに対して，2歳以下の子どもを含めて，家庭内で保育するファミリーデイケア(Family Day Care)もある。

　スウェーデンでは，保育法(1975年)や新保育法(1995年)の施行以来，保育と就学前教育の統合が図られ，公教育の一環としての就学前学校となり，2003年には4歳から5歳児の就学前保育が年間最低525時間分無償化された。スウェーデンで現在，前述の就学前学校の他，コミューン(市町村)の委託を受けた家庭保育者が自宅で子どもを保育する家庭的保育所，就学前学校や家庭的保育所に登録していない子どもが自由に利用することができるオープン就学前学校などがあり，いずれの施設も国やコミューンの交付金により運営されている。

　フランスの保育サービスは非常に多様であり，形態としては主に施設保育と在宅保育に大別される。施設保育には0歳から3歳までを対象にした保育所を初めとして，6歳未満の子どもを短時間かつ一時的に預かる一時託児所や，2歳8か月以降を対象とした保育学校がある。特に保育学校は約8割の子どもが通い，フランスでの重要な子育ての資源といえる。一方，フランスでは3歳未満の施設保育が不足しており，それを支えているのが家庭型保育所や認定保育ママといった在宅保育となり，主に3歳以降が中心となっている施設保育と併せて，0歳からの保育サービスの重要な役割を担っている。

(3)　経済的支援(表6－1参照)

　アメリカには，児童手当といった子育てに対する経済的給付制度は存在しない。その一方で税制による経済的負担軽減が展開されている。一つは税額控除であり，児童税額控除と保育費用控除がある。児童税額控除は17歳未満の子ども一人当たり1,000ドルが税額控除される。保育費用控除は13未満の子どもの保育にかかる費用の最大35％までを税額控除することができる。経済的負担軽減策のもう一つは所得控除としての扶養家族課税控除であり，扶養家族一人当たり3,650ドル(約37万円)が所得控除される。

　スウェーデンでは，税制による子育てに対する経済的負担軽減策はない。一方で，日本での児童手当に相当する両親手当があり，収入に関わらず16歳未満の子どもに対して支給される。金額は一人の子どもに対して1,050 SEK(約1.4万円)が支給され，2人目以降は各々一人分の手当てに多子割増手当(100 SEK)が加算される。

　欧米諸国のなかでも子育ておよび家庭支援に対する経済的支援が最も手厚いとされるのがフランスであり，日本の児童手当に相当する家族手当を含めて児童関係給付は30種類に渡る。家族手当の支給額は，第2子で119.13€(約1.6万円)，第3子以降は152.62€(約2.1万円)で，11歳以上になるとさらに年齢加算が加わる。その他の児童関係手当として，乳幼児迎入れ手当や家族補足手当，新学期手当などがある。税制においても，子どもが多い世帯ほど税負担が軽減される仕組みを適用し，家族が多ければ納付する税金が少なくなる。

●SECTION 2　世界の子育て　　137

表6−1　各国の子育て支援に関する制度

		日　　本	アメリカ	スウェーデン	フランス
保育サービス	設置主体	市町村，民間など	協会，NPO，企業 ※設置基準等は州が規定	保育所（就学前学校など）の大半はコミューン（市町村）により設置経営されている	市町村，NPO
保育サービス	利用状況など	子ども・子育て支援制度による保育所および認定こども園により提供 0歳から6歳が対象 3歳未満：21.0% 3歳〜6歳未満40.0%（2015年）	9か月の乳児の約50%が定常的なチャイルドケアの場にいる。 2から3歳児では，公・私立の家庭的保育や施設型ケア，プリスクールに在籍する。 3から6歳児の約6割が州立の就学前プログラムに在籍する。	1歳〜6歳児が対象で，保育サービスは幼児教育の一環として行われている 利用率は，1から2歳児の45%，2から3歳児の86%，3から4歳児の91%，4から5歳児では96%となる。 ※両親が対象となる出産育児休暇制度があり，1歳6ヶ月までは親がみるべきとの価値観があり，1歳6ヶ月までの保育利用は基本的になし。	0歳から3歳までは，親による家庭での養育あるいは認可家庭的保育で過ごす割合が高い。 3歳から6歳児は，エコールマテルネル（プリスクール）に籍を置く権利を持ち，ほぼ100%が通っている。
保育サービス	保育ママなど	子ども・子育て支援制度の地域型保育給付として，家庭的保育（利用定員5人以下）や居宅訪問型保育，事業所内保育が提供される。	親が私的に契約を行って雇用するベビーシッターの利用が進んでいる。 家庭の保育は，自宅で他人の子ども（6人程度）を預かる仕組みで，保育者は州に登録する	ファミリーデイケア：チャイルドマインダーが自宅でチャイルドケアを引き受ける自治体のサービスで，未就学児と学校に通う子どもたちの放課後を世話し，両親の都合に合わせて利用される 主に0歳〜2歳が対象で保育要件が必要とされる	保育ママ等に相当するケアとして，自分の家で1から3人の子どもの世話をする家庭的保育者，子どもの家に行って世話をする家庭託児者がある。
児童手当	支給対象	中学校修了までの日本国内に住所を有する児童	制度なし	16歳未満の児童 第1子から支給	20歳未満の児童 第2子から支給
児童手当	支給額	3歳未満：月15,000円 3歳〜小学校修了前： 第1・2子：月10,000円 第3子以降：月15,000円 中学生：月10,000円 所得制限以上： 月5,000円		月1,050SEK（約1.4万円） 多子割増手当：第2子150SEK（約0.2万円）から第5子以降1人につき1,250EKが加算	第2子：月119.13€（約1.6万円） 第3子以降：月152.23€（約2.1万円） 11歳以上の児童には33.51€（約0.5万円）〜59.57€（約0.8万円）が加算
税制		扶養控除 （所得税，住民税）	児童税控除：17歳未満の扶養児童1人当たり1,000＄（約10万円）が上限の税額控除 扶養家族課税控除：扶養家族1人当たり3,650＄（約37万円）の所得控除	なし	n分n乗方式により，子どもの多い世帯ほど税負担が軽減

出典：「子育て支援 制度と現場 - よりよい支援への社会学的考察 -」新泉社，「OECD保育白書」明石書店，「主要国の児童手当，税制による子育て支援の比較」厚生労働省（http://www.mhlw.go.jp/shingi/ 2009/ 06/dl/s 0608- 11c _0091.pdf），「主要国における基礎控除，配偶者控除及び扶養控除等の概要」財務省（https://www.mof.go.jp/ jouhou/syuzei/siryou/ 051.htm）を著者加工

〈文　献〉

汐見稔之：「世界に学ぼう子育て支援」，フレーベル館(2008)

白波瀬佐和子：アメリカの子育て支援−高い出生率と限定的な家族政策−，海外社会保障研究，160号，
　　p. 99〜110 (2007)

高橋美恵子：スウェーデンの子育て支援−ワークライフバランスと子どもの権利の実現−，海外社会保障
　　研究，160号，p. 73〜86 (2007)

神尾真知子：フランスの子育て支援−家族政策と選択の自由−，海外社会保障研究，160号，p. 33〜72
　　(2007)

白井千秋他著：「子育て支援制度と現場−よりよい支援の社会学的考察−」，新泉社(2009)

厚生労働省：「主要国における子育て支援の比較」http://www.mhlw.go.jp/shingi/ 2009/ 06/dl/s 0608- 11c_ 0091.

財務省：「主要国における基礎控除，配偶者控除及び扶養控除等の概要」：https://www.mof.go.jp/jouhou/
　　syuzei/siryou/ 051.htm，2011 年 1 月 31 日確認

OECD 編著：「OECD 白書—人生の始まりこそ力強く：乳幼児の教育とケア(ECEC)の国際比較」，明石書店
　　(2011)

（田中浩二）

━ SECTION 3 │ 家庭支援の展望

（1）　精神的疾患をもつ家族を抱えた家庭への支援

　　これまでの「家族援助論」では，子育てを中心とした支援の実際を保育士をめざす者が理解する形で解説されてきた。その重要性は依然，変わらないが，現代社会では保育所の利用者，さらに保育士自身が抱える，あるいは関係する可能性がある疾病問題にも目を向ける必要性がますます強くなっている。そこで，ここでは家庭支援の展望として，保育関係者が理解しておくべき代表的な疾病について述べていきたい。

　　具体的には，精神的な疾患，認知症，そして先進工業国では国際的に死因の第一位を占める「がん」である。家族にとって，こうした疾病を抱える家族の構成員が同居・存在する場合，当然のこととして在宅で家族介護を行い続ける場合もあれば，それが困難な場合もある。また，どのようにすれば望ましいのか，わからない場合もみられる。家庭の事情と地域の医療を中心とした社会資源と結びつける場面，医療従事者からのインフォームド・コンセント（説明と同意），そしてそれを基に十分に考慮した自己決定がなされることが望ましい。これからの家庭支援はこうした生命倫理に関わる問題も視野に収める必要がある。

　　現在，わが国には220万人を超える方々が精神的疾患を抱えている。そのうち，入院患者は約5万人を数える。代表的な例として，統合失調症，うつ病を含む気分障害があるほか，最近では摂食障害やアルコール依存症なども話題になっている。精神科医に受診し，診断名がつき精神的疾患が明確になったところでの夫婦の離婚，薬物療法と本人の自覚が相乗効果を発揮して，退院し社会復帰のスタートラインに戻ったとして，家族の拒否的な態度から，病院への再入院，場合によっては路上生活を強いられることもしばしばである。

　　これまで看護の領域では，「家族看護学」などで扱われてきているが，これからはソーシャルワークとしての保育の場面でも理解と適切な対応が求められるようになってきている。

A. 統合失調症

　　精神的疾患の代表が統合失調症である。発症率は80〜120人に1人，目安として約1%である。知能や意識に障害はみられず，知覚や思考が障害されている場合が大半である。起こりやすい時期である好発期は，10代半ばから30代前半とされている。頭痛や疲労感，消化器系の不調などの身体的な訴えから始まる場合多い。

　　統合失調症は，破瓜型，妄想型，緊張型の3つに分類されることがしばしばである。破瓜型は，感情が平板化していることや意欲の低下がみられることが特徴である。妄想型は，妄想を抱いたり，それを発することを特徴とする。緊張型は，神経性の運動障害がみられ興奮や混迷の状態がみられる。発症年齢からいえば，破瓜型，緊張型，妄想型の順である。しかし，最近では他の疾病と同様，早期発見早期治療で回復している場合も少なくない。

　　かつて，統合失調症の原因の一つが，漠然と家族に求められていた。しかし，1970年代に入ると，同居家族の高い「感情表出（Expressed Emotion：EE）」が統合失調の因子として考えられるようになった。家族が感情表出を起こすのは，統合失調症と診断された家族の

構成員を抱えることによる日常的な負担感やスティグマ(烙印)により家族が孤立化していくことなどからである。

　そこで，家族への教育的介入が検討されるようになった。具体的には，家族への「心理教育」や「社会生活訓練(SST)」などが行われている。「心理教育」は，心理学の教育のことではなく家族の不適切な行動を修正することでもない。「心理教育・家族教室ネットワーク」では，疾病を「受容しにくい問題をもつ人，および家族に対して，正しい知識や情報を心理面への十分な配慮をしながら伝え，病気や障害の結果もたらされる諸問題・諸困難に対する対処法を習得してもらうことによって，主体的に療養生活を営めるように援助する方法」と定義している。こうした家族教育プログラムには，治療法を含めた障害や疾病に対する理解ばかりでなく，これらによる日常的なストレスが起こった場合の対処法としても必要である。それが家族の構成員の再発の防止にもつながっていくのである。

　年間約35万人を数える統合失調症患者は，一般に精神科病棟では入院から3か月以内で約65％が退院をしている。その退院後の行き先の4分の3は実家である。入院期間が長くなると，家族の拒否的な態度も強まり，他の病院への転院，場合によってはグループホームでの生活も増えている。

B. 躁鬱(そううつ)病

　これまで「そううつ病」とよばれていた診断名は近年では「双極性感情障害」とよばれることが多くなってきた。まず，代表的な症例から理解をしておくことが望ましい。双極性とは，「そう」の状態の爽快な気分や興奮，多動，多弁。「うつ」の状態では，抑うつ気分，さらに食欲不振や倦怠感，疲労感，睡眠障害，性欲減退などが指摘されている。日内変動が起こることがしばしばで朝が不調である。患者調査からは40万人を上回る程度であるが，潜在的には300万人を超えるといわれている。極めて軽症から重症まで多様である。

　近年では，単に抑うつ状態という「メランコリー親和型」ばかりでなく，周囲との協調性に乏しく，無責任で自己中心的，やる気に欠ける「ディスチミア型」の増加が顕著である。

　そう状態では，「観念奔逸」がみられる。思考が次々に進んでしまい，当初考えていたような論理的な展開ではなくなってしまうものである。一方，うつ状態では，意欲が低下し，動作が緩慢になる。

　こうした気分障害に対しては，まず薬物療法が試みられる。それでも効果が芳しくない場合では「認知行動療法」を利用することが多くなってきた。種々の環境を改善してみることである。住まいの転居ということではなく，たとえば，職場では転勤や転属も環境改善に含まれる。これにより，うつ病の症状の改善や回復へ至る効果も数多く報告されている。こうした家族の構成員にうつ病がいる家庭への支援では，家族の言葉や態度が大きな影響を与えることがある。注意すべき点を以下に掲げた。

〈急性期での対応〉

• 叱咤激励をしない。批判・非難も控える。

• 十分な休養をとる。自宅でできない場合はストレスケア病棟の利用もある。

• 薬物療法の活用。うつの第一選択はまず，薬を使った治療を試みることである。

• 退職，転職，転居，離婚などライフイベントに関わる重大事項の決定の先延ばしにする。

- 希死念慮(自殺願望)を見逃さない。
- 旅行やスポーツなど，意図的な気晴らしはしない。

〈回復期での対応〉

- 特別視せず家族の一員として通常に接する。大人の対応をする。
- 軽い家事などを一緒に行ってみる。食事も単独ではさせない。
- 起床，就寝時間，食事回数など規則正しい生活を送る1日の計画表をつくってみる。
- 基礎体力の回復のための負担感が少ない軽い運動を行う。
- 回復をあせらない。変化は月単位でみていく。
- 評価できるところは評価を行ない，自信を回復させる。
- 過干渉や無視はしない。
- 経済的負担を考慮する。
- 家族の笑顔やユーモアを忘れない。

　うつ病では，こうした患者を抱える家族の会も数多くつくられており，有効な社会資源である。家族会は，同類相哀れむ場のような否定的なイメージがもたれる場合があるが，実際にはそのようなことはなく，互いの情報交換によりそれまで気づかなかった力動が生じる場合もしばしばみられる。

C．アルコール依存症

　アルコール依存症にも一定の理解が必要である。「酒は百薬の長」といわれるように適度の飲酒を保っていれば，まったく飲酒をしない場合に比べて有効なことがある。アルコール依存症は，男性で1.9％，女性で0.1％，成人以上の実数としては日本全国に80万人以上存在すると見積もられている。また，近年では妻が昼間から台所(キッチン)で習慣的に飲酒を行う「キッチンドリンカー」の増加から，女性のアルコール依存症の増加が目立つようになってきた。

　酒の主成分であるアルコールの飲用が長期にわたるとさまざまな症状がうまれることがある。その一つに離脱症状がある。その代表が「振戦せん妄」であり，虫のような小動物がみえる「幻視」の訴えがしばしばみられる。実在しないこうした小動物をつまんでみたり，払いのけたりする行為もみられる。

　アルコール依存症でみられる精神的障害には，「アルコール幻覚症」や「アルコール性嫉妬妄想」が知られている。「振戦せん妄」の特徴が「幻視」であるのに対して，アルコール幻覚症は，本来聴こえないものが聴こえたとする「幻聴」である。「お前なんか死んでしまえ」のような強烈な内容が聴こえたという訴えもある。アルコール性嫉妬妄想は，パートナーの行動に対する疑いが顕著になり不倫などの性的モラルを勘ぐる妄想へ至り，夫婦関係の崩壊につながることもある。また，アルコール依存症ではうつ状態が多くみられるようになっている。以下に心がけた項目を示す。

- 家族が本人を一番知っているという思い込みを捨てる。
- 子ども扱いしない。
- 本人に直そうという気にさせる。　　・孤立を避ける。
- やかましい注意や要求は止める。　　・保護的な介助を避ける。

- 監視的干渉的振る舞いはしない。
- 出来ないことは言わない。
- 本人の暴力に屈しない。

- 本人の行動に一喜一憂しない。
- 本人に問題点を直視させる。
- 本人を病院任せにしない。

さて，わが国の国家を挙げた動きとして「健康日本21（21世紀における国民健康づくり運動）」がある。そこでは多量飲酒者の減少，未成年の飲酒をなくす，節度ある飲酒を目標量の数値化も行っている。とはいえ，アルコール依存症ばかりでなく，他の薬物やギャンブルなどに依存する嗜癖（アディクション）は，本人自身も家族もそれを疾病とは認めることが困難な場合がある。それが逆に治療の遅れにつながっていることもある。

アルコール依存症に関する自助グループには，以下のようなものがある。

断酒会：アルコール依存症，アルコールで問題を起こしたことがある人および家族　　　の会であり，日本で誕生した。

アメシスト：女性のアルコール依存症者，断酒会の中の女性グループである。

AA（アルコホール・アノニマス）：アルコール依存症，アルコールで問題を起こした経験　　　者の会でアメリカで設立された。

アノラン：アルコール依存症を夫にもつ妻，その家族の会

アラティーン：アルコール依存症の父親をもつ子ども　10代の集まりである。

（2）　認知症高齢者を抱えた家庭への支援

保育所を利用する保護者の親，子どもにとっては祖父，祖母は，65歳からの介護保険の適用を受ける前後の年齢に達していることが多いと考えられる。直接，家庭に認知症に該当する家族の構成員はいなくても，親族や近隣には存在する可能性が高い。世界有数の長寿国であるわが国では，2016（平成28）年に総人口に占める65歳以上の割合が27％となっており，それに伴い認知症と診断される高齢者も年々増加している。

また，保育士自身もベテランであれば親の世代，新人では祖母祖父の世代に認知症の家族を抱える可能性がある。共働きであれば，家族介護のうえに，育児が重なることになりかなり大変であることは容易に想像できある。そのためには，社会資源の効果的な利用が考えられる。

精神保健福祉領域で，理解しておきたい認知症は，アルツハイマー性（型），脳血管性（型），レビー小体性（型），前頭側頭性（型）（ピック病）の4種である。そのなかの代表的疾患が，「アルツハイマー病」である。1990（平成2）年にそれまでの脳血管性認知症を抜いて数的に第一位となった。最大の危険因子は「加齢（老化）」である。したがって，高齢者が増加すればするほどこの疾病の該当者が増加する。認知機能の障害が徐々にみられるようになる。脳血管性の場合は，「まだら」に症状がみられるのが特徴である。また抑うつ気分やせん妄が生じることがある。レビー小体性は，認知機能の変動がみられたりや幻視が起こる。また，歩行時の運動障害は異なるがパーキンソン病の症状が起こることがある。ピック病は，記憶障害よりも特徴的な行動が先にみられる。

認知症サポーターなどからの支援も考えておくことが重要である。また，認知症は介護が必要なことが多いと考えられるため，介護保険制度の理解や活用の仕方，福祉施設やホームヘルパーサービス，地域包括支援センターなど近隣の社会資源の把握が求められる。

●SECTION 3　家庭支援の展望　　143

（3）　ターミナル期にある家族を抱えた家庭への支援

　　今日，先進工業国では死因の第一位が「がん」である。30代でも子宮がんや乳がん，白血病，ある種の胃がんなどに罹患し亡くなる場合もある。がんは成人の2人に1人が患い，3人に1人がそれで亡くなるといわれるように，きわめて身近な存在である。特に医療的に治療の効果が期待できなくなった場合，どのような支援が考えられるだろうか。

　　医学的に判断して，余命半年以内と判断される場合，「ターミナル期」とよばれる。こうした場合，家族の振る舞いは一様でない。患者である親族の状態をより詳しく知りたい，医療的なことはともかく，寄り添っていたい，あるいは，場合によっては医療従事者の医療行為をしやすくさせる模範的な患者の家族を演じてしまうこともしばしばみられる。インフォームド・コンセントも，本来の「自己決定」というよりも医師の意向に従う側面が強くでてしまうことがある。

　　このようにターミナル期では，家族は患者を支えるかけがえのない存在であるとともに支援の対象であるとも考えられるようになってきている。家族の支援も支援者がどのような立場であるのか，経験はどうなのか，を理解してもらう必要がある。そうしていくなかでの家族関係を知り，家族の感情も理解できるようになると，配慮も自然と行えるようになり，信頼関係も強まっていく。こうした相互作用の形成が求められる。

　　基本的な考えとしてはQOL（生命・生活の質）を維持する。あるいは少なくとも下げない努力が必要となる。死が残された人の人生に大きな影響を与える。家族のニーズや価値観を受け止め，理解し，心残りがない支援が望まれる。死に直面できない場合は，心が死を受け止めることができるようになるまで焦らず待つのが原則である。また，日頃から「死」について忌み嫌わず，議論をしてみる「死への準備教育」も必要になっている。すなわち，「死」を話題にすることから逆に豊かな「生」を考えるのである。

　　これまで，みてきたように今後の家族支援は，これまで以上に医療現場の実態の理解が求められるようになっている。逆にいえば，それを理解しておくことがより良質なサービスの提供につながるのである。また，同じような問題を抱えている家族と支援者で構成される自助グループへの加入を薦めたり，存在しない場合はその創設を促していくことも場合によっては必要である。自助グループが自主的かつ，円滑に運用できるようなアドバイスは支援者に求められているものでもある。今日では，「リカバリー」という言葉で病気や障害によって失ったものを回復し，人生に新たな，目標を設定しようという考えがある。これについての理解も家庭支援には必要である。

〈文　献〉

真鍋貴子・忽滑谷和孝：「うつ病患者を抱える家族への対応」，「医学のあゆみ」219巻13号，p. 984～988
　（2006）

山口律子：「うつ患者の家族支援」，「公衆衛生」72巻5号，p. 380～383（2008）

斎藤学：「嗜癖行動と家族」，有斐閣（1984）

溝口元：「生命倫理と福祉社会」，(株)アイ・ケイコーポレーション（2005）

松本喜代子・石岡昭代・庵跡麻衣・池田奈津美：「一般病棟における終末期患者・家族援助のポイント」，
　「看護実践の科学」，p. 84～87（2003）

（溝口　元）

索　引

あ

愛着関係	134
愛着行動	134
赤ちゃんとのふれ合い交流事業	81
アスペルガー	119
アスペルガー症候群	112
アルコール依存症	142
アルツハイマー病	143

い

家制度	33
イエローゾーン	95
イク爺	62
育児関連時間	43
育児技術	16
育児	17
育児講座	80
育児参加促進	7
育児疲れ	93
育児不安	80
育児不安軽減	60
育児不安予防	82
育成相談	58
イクメン	34, 62
異世代交流	82
一時預かり事業	64
1日保育士	70
1日保育士体験	69
1.57ショック	62
一夫一妻制	32
インターネット	29
インフォームド・コンセント	140, 144

う

ウェルビーイング	57
ウェルフェア	57
うつ状態	142
うつ病	89

え

ADHD	119
NPO	83
エンゼルプラン	63
延長保育	48
エンパワーメント	13, 69

お

親子遊び	80
親子関係	22

か

介護保険制度	143
介護保険法	9
カウンセリングマインド	13
核家族	1, 2
核家族世帯	28
学習障害	112, 119, 127
家族	1, 9, 10
家族支援	5, 10
家族成員	4
家庭支援	1, 12, 13, 15, 16, 17, 27, 132
家庭児童相談室	58, 108
家庭生活	18
家庭的保育	64
家庭的保育事業	64
家庭的保育者	44
家庭内暴力	57, 124
がん	144
感情表出(Expressed Emotion：EE)	140
感情融合	1, 4

き

希死念慮	142
虐待	45, 80, 96, 97, 123
虐待の早期発見	60
QOL(生命・生活の質)	144
休日保育	48
共助	57
居宅訪問型保育	64
記録評価票	52
近代家族	5

く

グレーゾーン	95

け

経済的虐待	8, 9
経済的支援	107
警察署	84
傾聴	16
軽度発達障害	125, 126

結婚資金	23
健康支援サービス	48
健康診査	84
健康日本21	143
言語障害	127
限定的な福祉	57
権利擁護	8

こ

合計特殊出生率	6, 42, 62
公的責任(公助)	57
高度経済成長	30
広汎性発達障害	116
高齢者介護	7
高齢者虐待	8
国際婦人年	41
国勢調査	3
子育て援助活動支援事業	49
子育てサークル	84
子育てサポーター	106
子育てサポート	108
子育て支援	42, 133
子育て支援委員	51
子育て支援員	44
子育て支援活動	133
子育て支援サービス	47, 51, 132
子育て支援プログラム	50
子ども・子育て応援プラン	63
子ども・子育て支援新制度	64
子ども・子育てビジョン	64
子ども家庭	45
子ども期	33
子ども虐待	90, 93, 94
子ども虐待防止ネットワーク	99
子どもの虐待防止ネットワーク・あいち	99
子どものセーフティネット	57
子どもを守る地域ネットワーク	82
孤立化	42
婚姻内出生率	7
婚外子(非嫡出子)	104

さ

里親	57, 58
三世代家族	93

●索　引　145

し

ジェンダー‥‥‥‥‥‥‥‥‥‥6, 18
事業所内保育‥‥‥‥‥‥‥‥‥‥64
自己決定‥‥‥‥‥‥‥‥‥‥‥144
自己決定の尊重‥‥‥‥‥‥13, 17
自己実現追求‥‥‥‥‥‥‥‥‥5
自助‥‥‥‥‥‥‥‥‥‥‥‥‥57
次世代育成支援‥‥‥‥‥‥‥‥63
次世代育成支援対策推進法‥‥‥63
施設型給付‥‥‥‥‥‥‥‥‥‥64
肢体不自由‥‥‥‥‥‥‥‥‥127
市町村保健センター‥‥‥‥‥‥59
児童委員‥‥‥‥‥‥‥‥‥‥‥59
児童家庭支援センター‥‥‥‥‥59
児童館‥‥‥‥‥‥‥‥‥‥60, 118
児童虐待‥‥‥‥‥‥‥‥‥‥‥57
児童虐待相談‥‥‥‥‥‥‥‥7, 91
児童虐待防止協会‥‥‥‥‥‥‥99
児童虐待防止法‥‥‥‥‥‥‥‥8
児童相談所‥‥‥‥7, 58, 99, 108, 119
児童相談所全国共通
　　ダイヤル「189」‥‥‥‥‥84
児童手当‥‥‥‥‥‥‥‥‥‥‥48
児童福祉施設‥‥‥‥‥‥‥‥‥83
児童福祉法‥‥‥‥12, 57, 90, 109, 132
児童福祉法施行令‥‥‥‥‥‥‥34
児童扶養手当‥‥‥101, 104, 106, 107
児童養護施設‥‥‥‥‥‥‥‥83, 91
自閉症‥‥‥‥‥112, 119, 121, 127
社会的支援策‥‥‥‥‥‥‥‥‥10
社会的責任‥‥‥‥‥‥‥‥‥‥82
社会的ニーズ‥‥‥‥‥‥‥‥‥42
社会福祉協議会‥‥‥‥‥‥‥‥86
弱視‥‥‥‥‥‥‥‥‥‥‥‥127
就業支援‥‥‥‥‥‥‥‥‥‥107
住宅資金‥‥‥‥‥‥‥‥‥‥‥24
集団保育‥‥‥‥‥‥‥‥‥‥117
重度心身障害児福祉手当‥‥‥120
種族維持‥‥‥‥‥‥‥‥‥‥‥32
出生数‥‥‥‥‥‥‥‥‥‥‥‥42
主任児童委員‥‥‥‥59, 103, 108, 113
主任保育士‥‥‥‥‥‥‥‥‥‥95
守秘義務‥‥‥‥‥‥‥‥‥16, 129
受容‥‥‥‥‥‥‥‥‥‥‥‥‥16
障害児‥‥‥‥‥‥‥‥14, 109, 121
障害児家庭‥‥‥‥‥‥‥‥‥117
障害児通所支援‥‥‥‥‥‥‥109
障害児福祉手当‥‥‥‥‥‥‥120
障害児保育‥‥‥‥‥‥‥‥‥‥48
障害者虐待防止法‥‥‥‥‥‥109
障害者差別解消法‥‥‥‥‥‥109
障害者自立支援法‥‥‥‥‥‥109
障害者の権利に関する条約‥‥‥122

障害相談‥‥‥‥‥‥‥‥‥‥‥58
生涯未婚率‥‥‥‥‥‥‥‥‥‥6
小規模保育‥‥‥‥‥‥‥‥44, 64
少子化社会対策基本法‥‥‥‥‥63
少子化社会対策大綱‥‥‥‥31, 63
少子化対策プラスワン‥‥‥‥‥63
少子高齢化社会‥‥‥‥‥‥‥‥7
情緒障害‥‥‥‥‥‥‥‥‥‥127
情報交換‥‥‥‥‥‥‥‥‥‥‥84
食育‥‥‥‥‥‥‥‥‥‥‥‥‥80
助言指導‥‥‥‥‥‥‥‥‥‥‥83
女性差別撤退条約‥‥‥‥‥‥‥35
所得倍増計画‥‥‥‥‥‥‥‥‥33
新エンゼルプラン‥‥‥‥‥‥‥63
人権侵害‥‥‥‥‥‥‥‥‥‥‥8
人権尊重‥‥‥‥‥‥‥‥‥‥‥5
人口変動‥‥‥‥‥‥‥‥‥‥‥5
親族関係者‥‥‥‥‥‥‥‥‥‥1
身体障害者手帳‥‥‥‥‥‥‥120
身体的虐待‥‥‥‥‥‥‥‥‥‥92
心理的虐待‥‥‥‥‥‥‥‥‥‥92
心理的負担感‥‥‥‥‥‥‥‥‥62

す

ステップ・ファミリー‥‥‥‥‥5

せ

生活保障‥‥‥‥‥‥‥‥‥‥‥9
生活ニーズ‥‥‥‥‥‥‥‥‥‥30
生活保護‥‥‥‥‥‥‥46, 103, 105
生活保障‥‥‥‥‥‥‥‥‥‥1, 4
青少年育成委員会‥‥‥‥‥‥‥86
生殖家族‥‥‥‥‥‥‥‥‥‥2, 25
精神疾患‥‥‥‥‥‥‥‥‥127, 128
精神障害者保健福祉手帳‥‥‥120
精神的負担‥‥‥‥‥‥‥‥‥‥54
性的虐待‥‥‥‥‥‥‥‥‥‥‥92
性的差別‥‥‥‥‥‥‥‥‥‥‥6
成年後見制度‥‥‥‥‥‥‥‥‥9
性別役割分業‥‥‥‥‥18, 21, 32, 40
セーフティネット‥‥‥‥‥‥‥83
セクシャル・ハラスメント‥‥‥41
専業主婦‥‥‥‥‥‥19, 22, 33, 38, 41
全国家庭調査‥‥‥‥‥‥‥22, 24

そ

躁鬱(そううつ)病‥‥‥‥‥‥141
双極性感情障害‥‥‥‥‥‥‥141
相互協力‥‥‥‥‥‥‥‥‥‥‥84
相互信頼関係‥‥‥‥‥‥‥‥‥15
相談機関‥‥‥‥‥‥‥‥‥‥‥98
ソーシャルサポート・
　　ネットワーク‥‥‥‥‥‥‥10
ソーシャルワーク‥‥‥‥‥‥124

た

ターミナル期‥‥‥‥‥‥‥‥144
待機児童問題‥‥‥‥‥‥‥‥‥46
対人援助専門職‥‥‥‥‥‥‥‥16
脱工業化社会‥‥‥‥‥‥‥‥‥33
断酒会‥‥‥‥‥‥‥‥‥‥‥143
男女共同参画‥‥‥‥‥‥‥‥‥39
男女共同参画社会基本法‥‥‥‥40
男女雇用機会均等法‥‥‥‥‥‥34
単独世帯‥‥‥‥‥‥‥‥‥‥3, 28

ち

地域型給付‥‥‥‥‥‥‥‥‥‥64
地域機能強化型‥‥‥‥‥‥‥‥76
地域子育て支援活動‥‥‥‥‥‥76
地域子育て支援拠点‥‥‥‥60, 75
地域子育て支援事業‥‥‥‥50, 75
地域子育て支援センター‥‥14, 83,
　　84, 108
地域子ども・子育て支援事業‥‥44
地域支援‥‥‥‥‥‥‥‥‥‥‥76
地域社会‥‥‥‥‥‥‥‥‥30, 31
地域住民‥‥‥‥‥‥‥‥‥‥‥99
地域保育資源‥‥‥‥‥‥‥‥‥81
知的障害‥‥‥‥‥‥‥‥‥‥126
注意欠陥多動性障害
　　(ADHD)‥‥‥‥112, 126, 127
長時間保育‥‥‥‥‥‥‥‥‥‥68

て

デイケアセンター‥‥‥‥‥‥137
DV‥‥‥‥‥‥‥‥‥‥‥‥‥85
DV防止法‥‥‥‥‥‥‥‥‥‥9

と

統合失調症‥‥‥‥‥‥‥‥‥140
特別支援学級‥‥‥‥‥‥‥‥126
特別支援教育‥‥‥‥‥‥‥‥112
特別児童扶養手当‥‥‥‥‥‥120
ドメスティック・
　　バイオレンス‥‥‥‥‥‥7, 8
共働き‥‥‥‥‥‥‥‥‥‥‥‥29

な

難聴‥‥‥‥‥‥‥‥‥‥‥‥127

に

認知症高齢者‥‥‥‥‥‥‥‥‥8
日内変動‥‥‥‥‥‥‥‥‥‥141
乳児院‥‥‥‥‥‥‥‥‥‥‥‥83
乳児家庭全戸訪問事業‥‥‥‥‥52
入所オリエンテーション‥‥‥‥65
乳幼児健診‥‥‥‥‥‥‥‥‥‥48

乳幼児健全育成相談事業の
　　手引き･････････････････84
認知症････････････････140, 143
認定子ども園････47〜49, 61, 64, 108
認定こども園保育教諭･･･････････12
認定こども園法････････････････108

ね

ネグレクト･･････････････45, 46, 92
ネットカフェ難民･･････････････9
ネットワーク形成･････････････10

の

ノーマライゼーション･･･････････109

は

パーソンズ････････････････････2
パートタイマー･････････････････18
配偶者間暴力･････････････････7
発達支援･･･････････････109, 112
発達障害･･････････････････119
発達障害児･････････････････112
発達障害者支援法････109, 112, 121
母親の拘禁････････････････････105
母親の心理的ケア･･･････････････85
パラサイト・シングル･･･････････24
晩婚化････････････････5, 6, 8, 24, 62

ひ

ひきこもり････････････････････57
非行相談･･････････････････････58
非婚化･･･････････････････5, 6, 8
非正規雇用･･････････････････21
ひとり親家庭･････93, 100, 105, 107
ひとり親家庭支援サービス･･･････106
病児保育･･････････････････････48
病弱・身体虚弱･･･････････････127
貧困化･･････････････････42, 45
貧困問題･･･････････････････････9
貧困率･･････････････････････45

ふ

ファミリー・サポート・
　　センター･･･････････････････49
ファミリーサポート････････････108
ファミリーデイケア･･･････････137
夫婦関係････････････････････1, 18
夫婦間の不和････････････････93
フェミニズム運動･･･････････････35
福祉事務所･････････････････････58

父子家庭････････････38, 100, 104
不適切な養育････････････････96
不登校････････････････････････57
ブラック企業････････････････45
フレックスタイム制度･･･････････38

へ

平均寿命･･････････････････････6
ベビーシッター派遣事業･･･････50
ベビーブーム････････････････62

ほ

保育士･･･････12, 44, 55, 68, 91, 132
保育指針･･････････････････････70
保育者･･･････････14, 69, 97, 111
保育所････････12, 29, 48, 60, 117, 125
保育所入所児童･････････････65, 66
保育所の特性････････････････78
保育所保育指針････12, 15, 46, 65, 71,
　　95, 108, 110, 129
保育相談支援(保育指導)･･･････132
保育ママ制度･･･････････････････49
放課後児童クラブ････････････64
放課後児童支援員･･･････････････44
包括的支援････････････････････64
ホームレス･････････････････････9
保健指導･･････････････････････84
保健所････････････････････････59
保健センター････････････････119
保護者･･･12, 16, 65, 90, 112, 125, 133
保護者支援･･････66, 67, 70, 71, 135
母子・父子自立支援プログラム
　　策定事業･････････････････107
母子家庭･････････100, 102, 103, 104
母性行動･･････････････････････32
母性保護･･････････････････････36

ま

マードックの核家族説･･･････････1
ママ友･･･････････････････････15

み

身分制度･･････････････････････36
未来の親････････････････････82
民事不介入･･････････････････8
民生児童委員･･････････103, 108, 113

む

無償労働(アンペイド・ワーク)････21

も

燃えつき症候群(バーンアウト)････37

や

薬物療法･･････････････････141
役割負担･･････････････････････19

ゆ

有償労働(ペイド・ワーク)･･････21
優生保護法･･････････････････35

よ

養育支援訪問事業･･･････････123
養護相談･･････････････････････58
要支援児童････････････････124
要支援対象者････････････････55
幼稚園･･････････48, 60, 108, 117
幼稚園教育要領･････････････110
幼稚園教諭･･･････････12, 91, 94
要保護児童････････････････････90
要保護児童対策地域協議会･･･････57
予防接種･･････････････････････48
予防的・積極的福祉･････････････57

ら

ライフコース･･････････････････62
ライフスタイル･････････････24, 30

り

リカバリー･･･････････････････144
離婚･･･････････････100, 104, 124
離婚調停中････････････････124
リストラ･･････････････････････21
リプロダクティブ・ヘルス/ラ
　　イツ･･･････････････････････35
療育支援･････････････････120
療育手帳･････････････････120
利用者支援･･････････････････76

れ

レッドゾーン･･･････････････････95

ろ

労働力人口･･････････････････42

わ

ワーク・ライフ・バランス･････36, 38, 64

あ と が き

　本書の初版が刊行されて8年が過ぎた。幸い，幼児教育専門職養成課程や福祉関係の専門科目のテキストとしても継続的に利用されてきた。幼児教育の世界では，初版のあとがきに記した小1プロブレムばかりでなく入所問題，職員待遇，業務改善，病児・障がい児への対応等々，問題が山積している。

　そのなかで，今般改訂された『2018年度版　保育所保育指針』では，「4.災害への備え」⑴施設・設備等の安全確保　⑵災害発生時の対応体制及び避難への備え　が今後さらに幼児教育の現場へと拡大し，⑶地域の関係機関等との連携　が述べられ，家庭ばかりでなく居住地域，行政などとの連携を含めて対応の実施が強調されている。

　「暴風，豪雨，豪雪，洪水，高潮，地震，津波，噴火その他の異状な自然現象により生じる被害」(「被災者生活支援法」1988年制定)と定義される自然災害は，それ自体を人間が食い止めることは不可能である。そのため，可能な限り事前の対応をして被害を最小限に食い止めることが求められるのである。

　近年，阪神淡路大震災 (1995年1月17日)マグネチュード(M) 7.3，死者6,434人，負傷者43,792人。中越大地震(2004年10月23日)M 6.8，死者68人，負傷者4,805人。東日本大震災(2011年3月11日)M 9.0，死者15,894人，負傷者6,152人。

　熊本地震(前震2016年4月14日)M.6.5。本震同年4月16日，M.7.3，合計，死者44人，負傷者1,114人など，相次いで巨大地震が起こり，多くの幼い尊い命も犠牲になった。地震は，どの月にとか，どの時間帯に多いというような規則性がみられるものではないし，何もせず救援が来るまでじっと耐えるというわけにもいかない。

　「防災」からさらに「備災」が望まれるのである。極限状態に陥っても子どもの命を守り抜き，保育者には子どもを絶対に死なせない「ネバーダイ」，子どもには急変した事態でも「生き抜く力」を育んでいきたいものある。それには家庭支援とともに幼児教育担当者の地域におけるソーシャルワーク機能のさらなる発揮が必要である。

　厚生労働省は，すでに2002年に「福祉サービスにおける危機管理(リスクマネジメント)に関する取り組み指針」を公表している。リスクマネジメントは事故のない安全な保育を行う方策ということになる。もっともそれは禁止するということではない。可能な限り不測の事態を未然に防ぎながらことを進めていこうということである。上述の指針の「災害への備え」と合わせた対応が求められる。

　ところで，子どもの心身の変化やこころのケアと関連させた「メンタルヘルス」について，東日本大震災後に児童相談所が実施した巡回相談や電話相談などでは予想ほどのPTSDや懸念される相談がみられなかったという。それは，保育者や保護者がしっかりと子どもを守っていたとも考えられるし，子どもたちの適応力や回復力の素晴らしさかもしれない。その能力を高めていく努力もますます必要になっていると思われる。

　本書がその一助になれば幸いである。

執筆者を代表して　溝口　元

編著者

溝口　　元　（立正大学社会福祉学部大学院社会福祉学研究科教授）

大学院博士後期課程修了後より立正大学勤務。2000年より現職。社会福祉士・精神保健福祉士・介護福祉士。居住地の男女共同参画推進委員会委員，勤務地の介護認定審査会委員。日本学術振興会派遣研究員（イタリア），放送大学大学院客員教授，東京大学講師などを歴任

寺田　清美　（東京成徳短期大学幼児教育科教授）

公保育歴26年（係長職副園長）の後，2004年より現職。社会福祉士。「内閣府・文科省・厚労省　幼保連携型認定こども園保育・教育要領策定・検討委員（2013・2017年歴任）」「厚労省社会保障審議会委員・保育所保育指針改定委員（2007・2017年歴任）」「厚労省待機児童数調査に関する検討会委員」「東京都子育て支援員研修事業委員会委員」「中野区子ども子育て会議座長」環境福祉学会理事・保育サービス協会理事を務める。

執筆者と担当箇所

田中　輝幸	（群馬医療福祉大学社会福祉学部准教授）	Chap 1. Sec. 1
安達　映子	（立正大学社会福祉学部教授）	Chap 1. Sec. 2
森　　静子	（関東短期大学教授）	Chap 1. Sec. 3，Chap 5. Sec. 4
百瀬ユカリ	（日本女子体育大学教授）	Chap 2. Sec. 1
森川みゆき	（愛国学園保育専門学校専任教員）	Chap 2. Sec. 1
森下　陽美	（近畿大学九州短期大学非常勤講師）	Chap 2. Sec. 2
溝口　　元	（編著者）	Chap 2. Sec. 3，　Chap 6. Sec. 3
寺田　清美	（編著者）	Chap 3. Sec. 2，Chap 3. Sec. 3，Chap 4. Sec. 2(3)，Chap 4. Sec. 3
丸山アヤ子	（埼玉純真短期大学特任准教授）	Chap 3. Sec. 1，Chap 5. Sec. 2，Chap 5. Sec. 3
小泉左江子	（東京成徳短期大学講師）	Chap 3. Sec. 2，Chap. 3. Sec. 3，Chap 4. Sec. 3
新開よしみ	（東京家政学院大学教授）	Chap. 4 . Sec. 2(1)，(2)
田中　浩二	（東京成徳短期大学准教授）	Chap 6. Sec. 2
髙田　　綾	（埼玉・ことぶきイーサイト保育園園長）	Chap 4. Sec. 1
木全　晃子	（元関東短期大学講師）	Chap 5. Sec. 1
久保美和子	（千葉・公津の杜保育園園長）	Chap 6. Sec. 1

（章順）

子ども家庭支援論

初版発行　　2018年 8 月10日

編著者Ⓒ　溝口　　元

　　　　　寺田　清美

発行者　　森田　富子

発行所　　株式会社 アイ・ケイ コーポレーション
　　　　　東京都葛飾区西新小岩 4 - 37 - 16
　　　　　メゾンドール I&K ／〒 124 - 0025
　　　　　Tel 03 - 5654 - 3722, 3 番　Fax 03 - 5654 - 3720 番

表紙デザイン　㈱エナグ　渡部晶子

組版　㈲ぷりんてぃあ第二／印刷所　新灯印刷㈱

ISBN 978 - 4 - 87492 - 349 - 8 C3037